U0111582

大展好書　好書大展
品嘗好書　冠群可期

武學釋典 55

武學內勁
入門實操指導
（附光碟）

劉永文　著

大展出版社有限公司

國家圖書館出版品預行編目資料

武學內勁入門實操指導／劉永文　著　──初版
──臺北市，大展出版社有限公司，2022〔民 111 . 04〕
面；21 公分──（武學釋典；55）
ISBN 978－986－346－362－7（平裝；附影音光碟片）
1.CST：武術
528.97　　　　　　　　　　　　　　　　111001611

武學內勁入門實操指導 附光碟

著　　者／劉　永　文
責任編輯／胡　志　華
發 行 人／蔡　森　明
出 版 者／大展出版社有限公司
社　　址／台北市北投區（石牌）致遠一路 2 段 12 巷 1 號
電　　話／（02）28236031 · 28236033 · 28233123
傳　　真／（02）28272069
郵政劃撥／01669551
網　　址／www.dah-jaan.com.tw
E - m a i l／service@dah-jaan.com.tw
登 記 證／局版臺業字第 2171 號
承 印 者／傳興印刷有限公司
裝　　訂／佳昇興業有限公司
排 版 者／弘益企業行
授 權 者／北京科學技術出版社
初版1刷／2022 年（民 111）4 月

定　價／380 元

編輯者言

《潛確類書》卷六十載：

李白少讀書，未成，棄去。道逢老嫗磨杵，白問其故。曰：「欲作針。」白感其言，遂卒業。

李白聰穎，他能「感其意」，並付諸有效的行動。

學功夫，最難的，恐怕不是下不了苦功，而是不能「感其意」。

以前，武者多椎魯不文，常借用日常之物、勞作之事來表達其意，這倒不失為樸素的好辦法。世代同鄉同里，風俗早就滲進血脈裏，所見所感自然無須多費口舌。悟性好的，能「感其意」而化於自身，肯花工夫，功夫終究能上身。

但，離了此情此景，憑幾句口訣、幾篇拳譜，則很難推斷出其具體練法。

到如今，科學昌明，武者也不再侷限於口傳、身授、心記，圖文、視訊等都可作為記錄手段。書刊之豐富，前所未有。可是，不論是手抄本，還是出版

物，抑或是師徒之間的授受，隔山、隔紙、隔煙的困惑從未消失。

這其實是一個令人匪夷所思的現象。

即使受限於文言之於白話的難懂、方言之於普通話的障礙、授者與受者之水準高低，功夫，總歸是「人」這一個統統是軀幹加四肢的有形之體承載下來的，怎麼會變成一門難以自明的學問？

於是，不泥古、不厚今，剖開表像，覓求功夫的實質，找到具體而有效的訓練方法，讓更多人受益於其健養之效，進而對防衛有一定裨益，乃至獲得修養之資糧，就是這套叢書最初的緣起。所以，不限年代，不限國別，不論是藉助多學科的現代分析，還是側重明心見性的東方智慧，只要是對功夫這種探究人體運動的學問有精誠探索的讀物，都在本叢書所收之列。

當然，我們已知的科學不能窮盡功夫的原理，更不能窮盡人體的奧秘。

正因為如此，我們不應排斥先賢的智慧，更不應止步於此。

共勉。

前 言

中國傳統武術，尤其是內家武術，確實是中華民族獨有的智慧結晶。它傳承千年，與中華民族的文化融為一體、相輔相成，所以人們常以「博大精深、源遠流長」來形容它。

說到中國武術的博大精深、源遠流長，現在很多人不理解，甚至由不理解而否定它，這倒也不足為怪。即便是很多內行人也是知其然而不知其所以然——只知道武術博大精深，卻難以說明白武術的博大精深到底體現在哪裏。

武術是中國文化的表現形式之一，中國武術的博大精深、源遠流長體現在繼承了中國傳統文化。古人以文載道，教化萬民，所以有了「文化」這個概念。文是指文字，文化便是以文字教化。那麼在同樣的環境下孕育出來的武術，便有了「以武載道，教化萬民」的意義，所以從一開始，武術中的技擊訓練與武人的「武德」就是分不開的。換言之，武術與文字是載道的兩種方式，只不過是針對不同的群體而言。

莊子的《逍遙遊》裏有一個故事，說北冥有種叫「鵬」的鳥，展翅高飛，能飛幾萬里高、幾萬里遠，

直到南天極。小斑鳩之類的小鳥嘲笑它說：「我拼命地飛，也不過十幾米高，最遠也只是到蘆葦叢的那一頭。鵬能飛幾萬里？純屬胡說。它絕對是個騙子，騙的方式還很幼稚！」

莊子想表達的就是「夏蟲不可語冰」的意思。功夫也是如此，「一層功夫一層道理」。引用這個典故，只是想說明人們的知識積澱、思維偏好以及認知範圍都不一樣。不同認知層次的人很難順暢交流，就像有的人只接觸過現代搏擊的拳打腳踢，便想當然地認為掄起拳打倒對手就是武術的全部，不去瞭解，也不願瞭解武術背後的文化和整個傳統武術的訓練體系。我們都知道，以自身的認知水準去評價天地之間所有的事情要不得，那是坐井觀天，甚至固執己見而容不下其他說法。

依我來看，現代搏擊的練法其實是「返祖」了，是陳舊的訓練思維。因為想要打倒對手，就算是動物也懂得訓練，比如貓捕鼠會撲，所以平時貓也會練習撲，它的練習內容和應用是相同的。人之間搏鬥，本能地也是用拳頭和腿攻擊對方。想要給對方造成更大的傷害，自然會想到訓練拳頭和腿的攻擊速度與力量。現代搏擊的訓練，除了訓練輔助器械有了進步，訓練思維其實是一種退步，這是西方思維影響的結果。也正是因為這是最簡單的東西，符合普通人的認知基礎，才容易得到大眾的認可。

　　越高級，往往越不容易掌握，自然會有很多人理解不了。如今，武學的巔峰是太極拳、形意拳等內家拳，內家拳中有羸弱之人打倒壯漢的秘密和方法。在現代搏擊比賽中，參賽運動員按體重劃分「公斤級」，低公斤級的運動員要與高公斤級的運動員對抗，有些令人不可思議，因為在身體對抗中，體重往往是絕對優勢。而內家拳則不然，古人運用智慧探索出了一套行之有效的方法，可以以弱勝強、以小博大。從發力源頭到用力法則都已經進化了，拋棄了以肌肉力量為主的用力習慣。

　　為什麼拋棄呢？人身上的肌肉是以「塊」為單位獨立的，只能附著在筋骨上產生輔助作用，沒辦法單獨形成力學結構。人平常能夠活動，是骨頭、筋和肌肉共同作用的結果。首先，骨頭作為人體最堅硬的部分，承擔主要的支撐作用。其次，筋附著在骨頭上，才使人體具有了屈伸功能。最後，當筋比較弱，產生的力量不足的時候，肌肉才會發揮作用，自動彌補不足的那部分力量。

　　人體的勁力來源於筋骨和肌肉，武術是圍繞著勁力開展的一系列方法，所以武術的訓練核心一定是筋骨或者肌肉。西方人一般體形較大，只用肌肉就可以發出較強的攻擊力，所以西方人崇尚健碩的肌肉。但東方人體形較小，單純靠肌肉力量沒有優勢。但人之所以強壯，不是因為肌肉強大，而是筋骨強健，我們

的祖先探索出了利用筋骨組成力學結構以形成渾然一體的整體力，可以利用筋骨伸縮發出無與倫比的攻擊力。喜歡談「氣」的人稱之為「混元氣」，其實這根本不是我們平常所理解的「氣」。

之後，古人以形成力學結構的整體力為基礎，在千百年傳承中不斷實踐，逐漸利用重力、慣性等因素，從而掌握了一套以小勝大、以弱勝強的用勁方法，這就是傳統武術的制勝之道。只是現代很多人不熟悉傳統文化，不知其中奧妙，更不知內勁為何物，簡單地做做套路動作，便以為是學到了傳統武術。

古人發明內家拳，是「追求高性價比」的必然結果。能用一分力把對手擊倒，為什麼要用兩分力呢？《孫子兵法》云：「上兵伐謀，其次伐交，其次伐兵，其下攻城。」崇尚力量的思想是「攻城」，勝在蠻力，而傳統武學勝在智慧。打在「七寸」的「小力」，比打其他地方的「大力」的作用要大得多。所以傳統武學勝在謀略，是「伐謀」，是智慧，是文化。

以傳統文化為依託，古人逐漸發明了很多武學體系，其中以太極拳的用勁方法最高明：捨己從人、引進落空。在自己少用力甚至不用力的情況下，談笑間就可以讓對方東倒西歪、跌落丈外。可是就因為高明，所以才難練，明師、勤奮、悟性、環境、堅持，缺一不可。從這個意義上說，傳統武術絕對是一種精英訓練，難以普及！一代傳人中有一兩個集大成者就

已經非常了不起了。物質可以直接繼承，而精神內涵卻不可以，它只能靠每一代人從頭開始用功，老一輩人最多只是提供經驗和方法。

中國傳統武術的核心是勁，方法是練套路，俗稱盤架子，但也絕不是只練幾年套路就能有所成就的。作為中國人，我們可以不練武術，但不能不瞭解武術。武術承載了中國文化，不瞭解中國文化便很難理解武術。因此，學習中國傳統武術的過程，同時也是一個學習中國傳統文化的過程。因此，在闡述傳統武術之前，我先要闡述一下中國傳統文化的起源和一些核心符號的意義，否則很多不瞭解傳統文化的人會簡單地認為陰陽五行等很玄。

自古以來，各門武學其理相通，但其法不一。我所掌握的、領悟到的不是武學唯一的標準。各家練法都各有特色，標準自然也就不一樣了。即便是各家練法一致，其語言描述也各有偏好。所以，我盡可能地做到使讀者「觀其文，明其意」。我也從不排斥其他訓練方法，從不懷疑別人的正確性，畢竟訓練方法不同，但條條大路通羅馬。方法不同不重要，能達到相同的目的就可以了。

本人水準有限，這本書裏所闡述的內容，權且當作是一種經驗的交流和訓練的參考，希望對大家有所裨益。

劉永文

目　錄

一、緒　論

　　我自幼酷愛武術，可惜兒時生活在鄉下，當地習武之風不盛，一直沒有機會學習。為了滿足愛好，我自己找木頭，用刀削成木劍玩。雖然這對習武沒什麼裨益，做木劍的手藝倒是一度讓小夥伴們羨慕，後來給每人「賜」木劍一把，還給木劍都取了響亮的名字，並把名字刻在劍身上，現在想起來不禁啞然失笑。

　　後來我到外地讀初中，才有機會得到一些武術資料。當時學校的圖書館正在改建，圖書整理工作量非常大。為了能多借幾本武術書，我就去做志願者，幫助圖書館管理員整理書籍。我還自備筆記本，自己製作了有「武俠秘笈」風格的封面，從書裏抄錄內容、描圖，樂此不疲。再就是訂購雜誌，《武魂》《武林》《少林與太極》《拳擊與格鬥》等雜誌是我的主要武術資訊來源。

　　那時候，雜誌上總有一些現在看來騙人的書籍廣告，如《乾坤大挪移》《降龍十八掌》《九陰真經》之類。我竟然花費 30 元買了一本《九陰真經》。我當時幾乎用所有的零用錢購買了武術書籍。因為通信機能落後，一般是先寫信聯繫，再去郵局匯款，之後商家才會把書寄過來。當時我買了很多書，讀得如癡如醉，可惜後來書流失了不少，沒有全部保存下來。我嘗試著照著書練，書上說三天「得氣」，七天形成「氣團」，我信以為真地去練。我練

了七天以後感到奇怪，為什麼自己「練成了」卻沒什麼感覺，與沒練以前一模一樣。沒覺得「得氣」有什麼不一樣，也沒覺得有「氣團」。

那幾年天真的歲月，儘管我沒有正式練過武術，但是透過各種雜誌和書籍積累了很多武術知識。太極拳、八卦掌、八極拳、少林拳等，雖然自己沒練過，但是說起各門派、各拳種則如數家珍。

那個時候我有很多困惑，因為對一些基本術語都不瞭解。記得當時看到「意念」一詞，實在不知道是什麼意思，身邊又沒有人可問，網路還沒有普及，無處可查。一開始我以為是「想像」，後來覺得不太對，否則就直接說「想像」了。我琢磨了好長時間，才弄明白「想像」和「意念」的區別。可惜當年對武術的知識瞭解太少，不能很快領悟，浪費了很多時間和精力。但也正是因為這些困惑，我走上了自己獨立思考武術、探求拳理的道路，形成了客觀看待問題的思維習慣。

直到去縣城上高中，我才終於打聽到了在縣城開武術培訓班的韓師。韓師畢業於武漢體育學院，回內蒙古後時運不濟，暫時在縣城以教拳為生。

韓師是我的武術啟蒙老師。拜師兩年期間，我主要練習散打和陳式太極拳，閒暇之餘學習擒拿，以及少林八法拳、盤龍腿、十二路彈腿等。我聽韓師講在學校學武的經歷，以及畢業後走南闖北拜訪高人時的很多武林趣聞，受益良多。

說起與韓師相識，還頗有意思。當年剛到縣裏高中報

到的時候，我就聽同學說在學校南邊的樹林裏見到過有人帶著一群孩子練武術。我仔細打聽了他們看到練武的地點、時間，便連著幾個週末都去樹林裏找尋。那時已過中秋節，內蒙古比較冷，韓師帶的學生多是孩子，此時已經不適合在室外訓練了，所以韓師停了課，我也就一直沒找到他。

又過了幾週，聽當地同學說街上新開了一家體育用品專賣店，經營不少器材。於是我就動了心思，約了一個與我同樣愛好武術的夥伴一起去看。時值隆冬，內蒙古的天氣冷得厲害，交通又不發達，連公車都沒有。在小鎮上，我們都是徒步趕路。但是心中那種對武術的熱愛讓我們不顧嚴寒，急匆匆地就趕了過去。

到了店裏，看到了很多體育器材，許多以前只能在雜誌的廣告上看到。我忍不住到處摸摸，興奮不已。當我看到速度球的時候，心裏一喜，立刻喊夥伴過來看，告訴他這就是速度球。我這一嚷嚷引起了店老闆的注意。

店老闆好奇地過來說：「這東西一般人不認識，既然你認識，那肯定是練武術的人啦。」我說，我還真沒練過，一直喜歡，但是沒有碰到能教武術的老師。店老闆聽完之後就笑了，他說：「巧了，我還真認識這麼一位武術師傅。」我脫口而出：「韓師傅？」店老闆很驚奇地問我是不是認識韓師傅。

我便把尋韓師而不得的實情說了出來。店老闆聽了笑著說：「我正好認識他，韓師傅水準很高，很厲害的。這段時間天冷了，訓練停了，所以你沒碰到他。我認識他

家，你們什麼時候有空，我可以帶你們去。」

我們一商量，決定馬上去，我們已經迫不及待了。店老闆非常爽快，立刻關了店門帶我們去了。

就這樣，在熱心的店老闆的引薦下，我倆就開始跟隨韓師學習武術了。這就是我的第一位師父——武術的啟蒙老師。韓師畢業於武漢體育學院，在校期間，陳正雷大師在學院授過課，所以韓師的陳式太極拳打得很好。他擅長散打，精通多種拳術，推崇站樁。在跟韓師學武期間，我主要是練散打。休息時，我纏著韓師教套路，還學了盤龍腿、十二路彈腿、八法拳等套路。後來看我對太極拳特別感興趣，韓師就教我太極拳，先教定步八法。我先學四正手，學了之後沒有專門的時間練，就利用課間在教室最後面的空地上練。

說也奇怪，也不用力，也不費勁，就這麼鬆鬆地打圈，在那個冰天雪地的時節，每次我都練得大汗淋漓，但是絲毫不喘粗氣。後來因為較沒時間，我都是抽午休的時間徒步去韓師家，學幾個招式回來練，過幾天練熟了，利用午休的時間再去找韓師學幾個。如此一來，我便學完了陳式太極拳的架子。

因為在教室裏練習，有人練武的消息幾日之內傳遍校園，我便遭到很多同學的嘲笑和圍觀，在學校裏也幾乎成了另類。因為當地相對落後，所有的父母都把希望寄託在孩子讀書上，希望孩子靠讀書改變命運，所以好好讀書考上大學是大家唯一關注的事情，對孩子其他的興趣愛好統統持排斥態度，認為那是不務正業，會影響學習。在這種

環境下，大家都把幾乎所有時間投入讀書學習當中，課間休息也不例外。

現在卻有這麼一個人總是在亂伸胳膊瞎踢腿，所以同學們私底下都說我是在「鬼抽筋」。當時的我承受的是整個學校的異樣眼光，儘管頂著這樣的壓力，我依然我行我素。我喜歡，我就去做，不為外界所干擾，怡然自得。

後來事情傳到父母耳朵裏，我學武遭到父母的強烈反對。但是「將在外，君命有所不受」，我在外讀書，父母的其他話我都聽，唯獨讓我放棄武術，無論說多少遍，我都不為所動。就這樣，一天、兩天……過了兩個月，正好趕上學校辦活動，徵集節目，我報名參加，表演武術。

在舞臺上，隨著音樂，我展示了太極拳的柔美和散打的剛猛，瞬間全場轟動，最終我表演的節目獲得第二名。後來的校報上還刊登說「武術表演，一招一式像模像樣」，我曾一度對「像模像樣」這 4 個字的評語不滿，現在看來，其實這已經是對當時的水準很高的評價了。

就這樣，同學們的目光從嘲笑變為驚訝，慢慢地從驚訝又變為讚賞。自己的苦苦堅持，終於迎來了希望的曙光。前些天看到一句話：「你的日積月累，終將成為別人的望塵莫及！」瞬間內心充滿感動，這一句話便可撫慰當年所受的所有苦楚。

在韓師家時，常聽他說起很多往事，多是他畢業的時候武術系的同學結伴遊歷的事情。我在這期間增長了很多見聞。韓師推崇站樁，對大成拳、鶴拳都很欣賞。而且韓師對樁功有很深的造詣，只是我在韓師身邊時間較短，用

他的話說，高中階段的東西學完了，等著進入大學階段的訓練。所以，椿功在韓師那裏沒有學到，當時也沒有意識到椿功是個寶，現在想起來覺得甚為遺憾，否則可以早幾年練習椿功了。

　　記得當年韓師談起鶴拳，說有一種訓練方法是，在站椿的時候，在身後不遠處掛一個骷髏頭，而且說，對於太害怕和完全不害怕骷髏頭的人，這種練法就沒用。當時覺得很恐怖，後來經過揣摩，這可能是利用練功者害怕身後骷髏頭的心理，總會不知不覺地把注意力放到身後的骷髏頭上，由此可以訓練出非常敏銳的感知能力吧。

　　如有練鶴拳的朋友看到此處，還請不吝賜教，讓我驗證一下自己揣摩的是不是正確，以及鶴拳是否真有這樣的練法。在此先行謝過！

　　後來我轉學到呼和浩特讀書一年，假期回來後再去拜訪韓師，已然是大門緊鎖，人去屋空。師兄弟們也大多去各個地方上大學了，而當時我們沒有手機，聯繫不便，因此很多師兄弟都聯繫不到了。僅聯繫到的幾個人說，我走了以後，他們練得不那麼勤快，韓師那裏不常去，也不知道韓師的去向。後經多方打聽，有消息說韓師已經去山西懷仁的一個學校做老師了，從此再無音信。

　　後來幾年，只要路過縣城，我就一定要去看看韓師的小院，真希望韓師突然回來，可惜每次都以失望告終，只能默默祝願韓師健康、快樂、幸福！

　　在外讀書，和韓師斷了聯繫之後，我依然堅持練習韓師教給我的武術，練練散打，練練套路。武人講緣，正當

我為聯繫不上韓師，自己的技藝還未入門而懊惱的時候，上天安排我和我的第二位師父——張師邂逅了。

在呼和浩特上學期間，我每日晚自習前和晚自習後都要去操場打拳，週末的時候早上去練。因為練武術如果沒有夥伴一起練，容易偷懶，所以我就想找個夥伴，正好發現班裏有個同樣喜歡武術的同學，他姓郭，後來成為我的師弟。當時他也喜歡武術，但遺憾的是一直沒有機會學習，我那時已經跟著韓師練過兩年了，就與他相約一起練功，順便教教他。

還記得那是一個週末的早上，我在等他的空檔，發現在操場上離我不遠的地方，有一位老人雙臂環抱於胸前，站著標準的混元椿動作，正在練功。聽韓師講過椿，所以我一眼就看出來了。

老人打太極拳的很常見，站椿的卻很少見。我挺好奇，特意繞到前面去看。當從老人前面走過的時候，我發現老人身體雖然一動不動，眼睛卻正看著我。我心裏琢磨，站椿的時候應該閉眼睛，怎麼他睜著眼睛呢？看來他站得不對，要不要上前給他指正一下呢？

想了想，還是算了。冒昧打擾他也不好，再說他練的是什麼我也不是那麼清楚，不瞭解的訓練體系還是不要去隨便指手畫腳了。於是我又回到自己那塊地方，自己練。不一會兒小郭來了，我教了他幾個太極拳動作和八卦掌轉掌。練完之後，我說體育館有沙袋，非常專業，帶他去看看。經過老人前面時，突然發現老人已經收功，正衝我們招手，笑眯眯地示意我們過去。

　　我們走到老人身前時，老人盯著我笑，抬手捏了捏我的耳朵，順勢在我肩膀上也捏了捏，嘴上還說「不錯、不錯」。然後，老人就把手端起來，擺了一個推手的架子說，小夥子練得不錯，我試試看你功力如何。

　　我當時一怔，因為韓師只教我推手打圈，其他的內勁一概沒教，所以我說我不怎麼會推手。老人說，沒關係，你搭手吧。我就只好搭手，剛一挨老人的手腕，就覺得一股力量直逼身上，擋都擋不住，化也化不開。我心裏有些犯嘀咕，韓師說要放鬆，不能用力，怎麼這位老人上來就這麼用力啊？估計他不會推手吧。

　　老人只這一用力，我就站不住了，身子往後退。老人微微一笑，停下手，說我真是個好苗子，可惜就是沒內功。連說好幾聲，我還沒反應過來，站在一邊傻笑。後來老人問我，你想不想練內功？我說想啊，但是我跟以前的師父聯繫不上了，現在一直也沒碰到能教的師父呢。這時候我才反應過來，老人是有真功夫的人，我肉眼凡胎沒看出「真佛」來。於是趕緊表示想拜師。老人說，你從明天開始每天早上來這裏找我，我教你。

　　從此我就跟隨老人學習內功，一開始便學站樁。老人沿著脊柱，從上往下把身法挨個說了一遍。然後我就開始練。可惜當時我對內家拳的瞭解太少，沒有體悟的積澱，很多東西似懂非懂，僅知道個書本上的說法而已。後來才知道，腦子理解的字面意思和體悟到的真正要領相差何止十萬八千里。

　　無怪乎王陽明先生說要「知行合一」呢。正所謂「紙

上得來終覺淺，絕知此事要躬行」。只是很多年以後才知道這個道理，對這些觀點才真正有所體悟。走了十幾年彎路，試錯的成本不高，錯過的成本卻很高。

後來每日站樁，老人都會給我們調樁，說要有 3 個月才能定型。學習日久，慢慢地我才知道這位老人姓張，也就是我的第二位師父張師，他是大學退休教師。張師的父親曾是賀龍元帥手下的一位旅長，賀帥去北京的時候，他沒去，在呼和浩特安了家，留在了這裏。張師是當地著名拳師關崇緒的弟子。師爺關崇緒（字德山，1886—1968），人稱「關大爺」，圈內人尊稱他為「塞外宗師」。師爺師從吳長庚（師從劉奇蘭、楊健侯）和張奎武（師從郭雲深）。在太極拳、形意拳上的造詣很深。

據張師說，當年跟隨師爺學習武術時，從學者有數百人，但是能堅持下來的卻不到 10 人。「文化大革命」期間全都不敢練了，停了十來年之後才又撿起來，因此，很多好東西都喪失了。

張師說當年學藝時，有一次幾個師兄弟一起正聊得興起，談論誰最能打、能打幾個人。碰巧師爺經過，就訓誡他們說，打人的不叫功夫，能打多少人都不算是功夫。碰巧旁邊地上有塊青石板，師爺便站上去說，你們看著，這才叫功夫。

說罷身子往下一沉，雙腳一抖，平放在地上的青石板便從中間裂開了，可見師爺功夫之深。張師也遺憾地說，傳到他這裏，功夫不及師爺當年之分毫。

剛跟隨張師學武之時，張師什麼拳架都不教，只教站

椿——無極椿和混元椿。當時，我心裏常有些現在看來很無知的想法，在這裏權且分享給大家，望大家在學武的過程中引以為戒。

剛開始練混元椿時，張師每次以雙手輕觸我的手背或者手腕，便可感知我身法上哪裏有問題，指導我腹部要收到位，肩膀再鬆一些等，現在方知這是調椿。我當時不理解，覺得張師是故意為難我，故作高深莫測之狀。用手輕觸我的手背就知道我身上哪裏沒鬆、哪裏不對，這怎麼可能呢？一定是他看出了我哪裏不對，用手輕觸我的手背，之後再說出來，這樣顯得很神秘、功夫水準很高。所以有時候我也裝模作樣地給師弟們調椿，雙手輕觸師弟的手背，告訴他腹部收一收、肩膀鬆一鬆之類。

其實當時我或者是看出來的，或者是瞎說的。直到後來離開張師上大學，對張師教的身法無意間領悟了很多，身法調正、開始換勁之後，我才突然有了體悟，才知道張師的調椿不是忽悠和故弄玄虛，而是確確實實可以感覺到對方體內勁力變化。

上大學後我組織了武術社團，報名參加的同學很多，雖然當時對於內家拳我自己還沒入門，但是相對於沒有人會武術的情況，我也就順理成章地成了社團負責人和總教練。在教學員們練習椿功的時候，我也會給大家調椿。

有一次給一位學員調椿的時候，我雙手接觸到對方手背，只覺得對方雙臂無力，下意識地讓其鬆開肩膀。對方聽我指揮，我瞬間感覺到其從腰間傳來一股力量，雖然沒有爆發出來，儘管力量輕微，但那股力量在剎那間有一種

不可阻擋的感覺。

當時我心裏一震，因為這股力量明顯來源於腰，所以我又要求其放鬆腰部，調整好尾閭。對方一調整，其手背的反應又與剛才不一樣，此時對方給我的感覺是像紮根於地底的大樹一樣無法撼動，如山岳一般不可動搖。

也是因為我糊裏糊塗地練了這麼多年，量的積累產生了質變，也算是開竅，瞬間頓悟了張師當年所做的確實是可以感受到體內勁力變化的調樁法門，而我自己卻沒有好好珍惜這段難得的機緣，傻裏傻氣地還在心裏懷疑他，至今懊悔不已。

正所謂「一層功夫一層道理」，對武術的理解在自身水準達到與沒達到時真是天壤之別。所以大家在習武的過程中，切記不要用當時的眼光來判斷師父傳授的內容正確與否，只要師父真心教你，就珍惜所有的機緣。師父教的很多東西都要記下來，日後說不定什麼時候就會明白師父的良苦用心。

還有一則體悟要與大家分享。在修正身法的階段，我印象最深的是虛領頂勁，我用了一年時間才真正掌握這個要領。

第一次隨張師學習，張師就在地上用石頭代筆講解了身法要領，然後就開始給我調樁。第一個就是虛領頂勁。因為比較抽象，張師就打比方說，虛領頂勁就像頭上頂一張紙。看我不甚理解，他又說就好像肉鉤子鉤著肉的那種感覺。其實當時我雖然明白這幾句話是什麼意思，然而完全沒有體悟，以為自己懂了，其實只是理解了字面意思，

不是真的領悟。

　　後來跟張師學站樁的時候，張師也常常提到這個要領，可是我卻從沒細心體會，就這麼懵懵懂懂地站著。

　　自己也從未仔細研究過「肉鉤子鉤著肉」是一種什麼樣的體會，也沒有弄懂「頂一張紙」那個「頂」字作何體悟。我一直以為自己是站對了，還常常學著張師的口吻去指點師弟們。

　　就這樣，我離開張師上了大學。在大學裏有一次站樁，我突然就體會到了虛領頂勁的感覺，當時就非常驚喜，做到虛領頂勁之後，身體與之前的感覺完全不同。我立刻想起了張師常說的「頂一張紙」「肉鉤子鉤著肉」，立刻明白了張師說的是一種什麼感覺，對這兩句話才算是真正弄懂了，要領才算是真正掌握了。只有自己做對了，才知道自己以前認為的對，其實是錯的。「一層功夫一層道理」確實是真理，隨著自己的進步，體悟水準逐漸提高，對同一句話的理解就會不同。

　　這個時候，我認為當時張師教我的時候用的辭彙、描述的語言不夠精準，才導致我的不理解，浪費了好多時間。所以，我一定要找出一個描述的辭彙，讓人一看就明白，一聽就心領神會。

　　於是我搜腸刮肚地想了很久，想來想去，最精確的還是張師說的「頂一張紙」「肉鉤子鉤著肉」，沒有能比它們更傳神的描述了。直到今天，終於能用通俗的語言、現代知識結構去解釋這個要領的時候，卻用了上千字（詳見*混元樁身法要領部分*），實為不易啊！

　　所以，初學者切記不要僅從字面意思去片面理解武術。中國武術博大精深，用文字描述出來的武術卻不一定能讓人看明白。

　　大家要一邊看書學習，一邊進行實踐訓練，用訓練時的體悟去理解文字表達的內容，終會豁然開朗！

二、武道綜述

（一）

博大精深、源遠流長的中國傳統武術

1. 我爲什麼推崇中國傳統武術

中國傳統武術博大精深，為什麼會給中國傳統武術加上這麼一個獨特的標籤呢？而為什麼外國的跆拳道、空手道，甚至中國的散打都沒有這樣的標籤呢？論實戰技能，現在的傳統武術選手恐怕遠不及散打運動員，那為什麼還有那麼多的人癡迷於傳統武術呢？有些傳統武術習練者自身優越感也很強，他們的自信來自何處？

其實，中國傳統武術博大精深體現在武術背後的文化內涵上。中國傳統武術是在中華民族幾千年發展過程中逐漸形成的，植根於豐富的、優秀的民族文化當中，形成了特點鮮明的各派中國武術。我一再地說，中國武術在發展過程中與中國文化融合，這種融合不是簡單地相加，而是深層次上的融合。像少林武功講究的是禪武合一，這種以武參禪的禪文化是其他門派的武術不具備的。在少林武學中，練武就是修禪，武術是修禪的一種法門，強身健體與防身技擊都不是主要的，故有「禪武同源，禪拳合一」的說法。像太極拳源於道家思想，練拳的最高境界就是以武入道。還有很多武術流派講究穴位、筋脈、元氣，這都是中醫的理論，故還有「醫武不分家」之說。

　　另外，中國傳統武術的文化內涵還有很多，有兵家戰法，有佛家、道家、儒家理念，有美學、力學知識等，不勝枚舉。可以說，武術與文化不可分割。

　　脫胎於傳統武術的中國散打號稱在技擊的領域內已經遠遠超越了傳統武術。雖然散打實戰能力強，但是缺乏文化內涵，有的只是搏擊理念，這是結果導向所致。散打只發揚了傳統武術的技擊部分，缺失了文化的滋養，練傷的運動員很多，修身養性的作用也沒有了。

　　除了文化內涵，傳統武術裏修身養性的功效是其他技擊形式不具備的。修身是一種文化涵養，這與《大學》裏「格物、致知、誠意、正心、修身、齊家、治國、平天下」的修身一樣，所不同的是，一個是透過武術，一個是透過讀書。透過學習武術，可以達到格物致知的效果，學習武術本身就是一個格物的過程。同時，還可以參悟、明白很多道理，明白的道理多了，事情就看得更透徹了。凡碰到事情，立刻就可以看到本質，抓住事物的主要矛盾，從而做到胸懷寬廣、為人謙和。

　　一個傳統武術修習者，水準越高就越謙虛，因為水準越高，對「人上有人」的理解就越深刻。

　　習武講究體悟，這又與王陽明心學的觀點相一致。王陽明講究知行合一，這一點，沒有比武術更好的例證了。要做到知行合一，就必須經過體悟。師父告訴你的秘訣和要領，如果不去練、不去體悟，是永遠掌握不了的。字面上的理解不是真知。只有去練了、實踐了、體悟到了，才是真正明白，才是真知。練武術，對知行合一的思想會感

受得更深、更透徹。若論修身養性，沒有比中國傳統文化更好的了，而武術又紮根於中國傳統文化當中。我們練習武術，更重要的是以武術為媒介，領悟傳統文化，汲取傳統文化的養分來提升自己的思想境界。對每個個體而言，其意義遠勝過拳打腳踢的實戰。所以前輩們才會傳下一句話：拳打腳踢下層拳！

武術修行，特別注重辯證統一，具體就體現在了陰陽和動靜上。鍛鍊身體要動靜雙修，練習武術要內外兼修。在內，要由呼吸鍛鍊內臟的功能和尋找更好的勁力使用方法；在外，要鍛鍊筋骨，擁有普通人無法達到的筋骨之力，即整體力。只重內，練武無法實戰，達不到防身的目的；只重外，則極易損傷身體。只有內外雙修，才能達到修身養性的效果，使武藝穩步提升。為什麼練散打練傷的人很多，就是因為外部訓練太多，內養不足，導致內臟難以提供肢體訓練所需要的全部能量，身體漸漸受損。

對此，金庸在《天龍八部》裏有精闢的描述，相信大家都記憶猶新。少林寺的藏經閣對所有少林弟子開放，但為什麼只有少數人能修煉成七十二藝裏的一種或者兩種？因為練習武術會產生相應的戾氣，如不經佛法化解，很快就會走火入魔，損傷身體。雖然這段話是在小說裏寫的，不能照搬到現實的武術當中來，但是道理是相通的。

武術的確會影響人的性格，很多人會幾下拳腳功夫的時候，動不動就想跟人動手。這就需要提高習練者本身的思想境界和自制能力。在少林寺僧人看來，能提升思想境界和自制能力的只有佛經。因此，七十二藝為陽，佛法為

陰，陰陽調和方能於正道上前進。相應地，肢體訓練為陽，內臟訓練為陰，陰陽調和方能無損害地進步。

中國人天性近道，善於由各種途徑來感悟道。好琴者以琴入道，好棋者以棋入道。琴棋書畫都可以承載人的性格、智慧以及喜怒哀樂等情緒，繼而可以修身養性，用以悟道。而傳統武術就是這千萬種方法中的一種。可見，中國傳統武術確實博大精深，其文化內涵是現代各類競技武術運動所不具備的。

古人云：萬般皆下品，唯有讀書高。如果此說成立，那麼武術就是萬般下品中的極品，因此我如此推崇。

2. 中國文化的起源

我向來不太習慣說教，也不太習慣居高臨下地傳道。無論是誰，哪怕是大師級的人物，其言論也只能是一家之言。沒有絕對的正確，只有相對的正確。正確與否，還需要自己去感受和評判。所以我希望用文字帶領大家去感受一下中華文化孕育的整個過程，這樣比簡單地講道理更容易理解。

在原始社會，人類首先要解決的就是吃飯問題，填飽肚子是首要任務。因此，不同的人在不同的地域會養成不同的生活習慣，進而形成不同的文化。在這個時期，人類能有效填飽肚子的食物，顯而易見的就是肉食了，所以最重要的活動就是漁獵。隨著時間推移、環境的變化，便會形成不同的文化。比如在草原上，人少草多，動物也多，狩獵可以滿足人類生存需求，因此在草原上生活的人類便

慢慢學會了馴化動物，進而發展成畜牧業。草原廣闊，這邊的草吃完了，那就換個地方。不斷遷徙，週而復始，繁衍生息。有了滿足生存的食物，草原上的人們就不需要探索別的獲取食物的方式，這樣就逐漸形成了草原地區的生活習慣和文化。

在同一時期的黃河流域，因為人口數量不斷增加，動物的繁衍速度顯然跟不上人類對肉食的需求。在這種情況下，人們開始嘗試用植物做成食物，並慢慢發展出了種植業。幸而當地適宜耕種，種植業慢慢地取代了漁獵的地位，植物成為食物的主要來源。在種植業需求旺盛的情況下，人們開始不斷地深入研究植物的生長規律，如何研究這個規律？

試想一下，我們把自己當成原始人，置身於當時的環境之下，能感受到的則只有白天和黑夜、溫暖和寒冷，能觀察的就只有太陽、月亮和星星。探索植物的生長規律，必然先從太陽和月亮開始。那到底怎麼研究呢？人們在地上立一根木棍，觀察影子的變化。人們每天記錄木棍影子的位置，發現正好 365 天回到原位，形成一個週而復始的規律，這就是「周天」。在這一個周天（一年）的變化當中，影子有最長的一天和最短的一天，還有兩個中值的日子。根據這 4 個極值，古人定出了夏至、冬至、春分和秋分日，這便把一年分成了四季。四季對應地生成了四象：少陰、少陽、老陰、老陽。

人們根據地球公轉的運行規律定出了四季，這得益於白天的觀察。而晚上只能看月亮、看星星。現在城市裏霧

霾嚴重，能觀察到的星星很少，甚至根本觀察不到。原始社會的環境幾乎沒有被破壞，夜晚的星空能見度還是很高的。按照當時的條件，晚上最愜意的事情大概就是仰望星空了。星空中最引人注目的就是月亮，所以人們便首先觀察月亮，發現月相也有規律，一個循環的週期是 30 天左右，這就是我們現在的時間單位「月」的由來。

　　人們在觀察月亮的同時，發現天上的星星也有變化，不同的時期看到的星相是不一樣的。再結合日晷、月相，便能判斷四季和節氣。為了方便記錄，人們把星相分為 4 個群組，分別是「東方七宿」「西方七宿」「南方七宿」「北方七宿」，對應的是青龍、白虎、朱雀、玄武四象。這 4 個群組構成了 28 個星宿，隨著季節的轉換，出現在天空的不同位置。反過來又可以由星宿的位置，判斷一個周天的節氣。比方說北斗星斗柄的朝向和四季的關係，正如中國古書《鶡冠子》所言：「斗柄東指，天下皆春；斗柄南指，天下皆夏；斗柄西指，天下皆秋；斗柄北指，天下皆冬。」成語「斗轉星移」便來源於此。

　　說了這麼多，好像扯遠了，其實中國的傳統文化正是從這裏發源的。從遠古開始，為了探尋更先進的耕種技術，我們的祖先就開始研究天地運行的自然規律，並且把所觀察到的記錄下來，不斷傳承、豐富，形成了一種獨特的文化。由自身至周圍環境，由周圍環境至天地運行，然後由天地運行至宇宙運行。莊子在《逍遙遊》裏就用過「北冥」「南冥」等辭彙，它們都是指地平線以下未知的無限大的地方，現在看來，這不就是宇宙觀的雛形嗎？

人們觀測太陽、月亮、星宿的運動規律是為了更好地判斷種植的時節，什麼時候耕地、什麼時候播種、什麼時候收穫，等等。已經獲得的知識和研究所得的結論需要記錄下來。原始社會沒有文字，如何記錄這些自然的運行規律和現象？於是人類「法天則地」，創造出了符號。這便是「陰陽」「五行」「八卦」等中國特有的文化符號的起源。而可以推衍周天運行規律的圖便是「河圖洛書」，這在後面闡述。人們正是憑藉著這些符號，逐漸創造出了燦爛的文明和精深的文化，並引領了人類的發展。

從人類誕生之初，人們就懂得合作，選擇了群居的生活形式，後來形成部落。為了讓大家更好地生活，每一個群體都會產生一位首領。假設你是部落的首領，繼承了先祖「法天則地」的經驗之後，怎麼傳承和發展它？恐怕一個人的力量有限，所以首領一般都會在自己的群體內部指定專門的人來記錄、傳承先輩們傳下來的經驗，逐漸地編成書。這些靠許多人積累而逐漸形成的書籍，現在還能見到如《山海經》《黃帝內經》等。當社會發展到更高階段的時候，為了維護首領的權威和地位，這些積累下來的經驗便只能為首領服務，平民是沒有資格學習的。而記錄這些知識的人便逐漸成為首領的老師，負責保管、傳承這些知識和經驗，並傳授給首領。首領利用這些經驗和知識維護自身權威，領導民眾進行農業生產。

後來首領稱為「天子」，這些人便是「天師」；首領成為「皇帝」，這些人便是「帝師」。而這一套首領可以學習的知識體系，便成了中華民族文化根源的道學之

「天道」。從已掌握的天地運行規律向上拓展，便是「常道」，為宇宙演化產生的、永恆不變的「第一因」；往下拓展，就是人與道的關係，便是「德道」。

常道、天道、德道是構成中華道學的3個內涵。之後大約在春秋戰國時期，這些道學典籍開始流落民間，或者其思想傳佈於民間，逐漸形成了各家思想學說，呈現出百家爭鳴的局面。孔子的「有教無類」便有力地證明了在這之前，普通人是沒有資格學習的。

道學的載體有二：

一種道學的載體是文化。我們研究的「道」，是由法天則地得來的天地之道，記錄道學的文字符號，並且運用這些符號來教化萬民，便形成了文化。

另一種道學的載體便是武術。古人在惡劣的環境下生存，在漁獵的過程中不斷總結出搏鬥的技巧，由自己身體的變化去感知道學規律，用各種道學符號來傳承、完善武學的理論，便形成了武學和武道。

所以中華文化的始源——道學逐漸一分為二演化為「文」「武」兩種載體。中華道學就是傳統武術以武載道、以武入道的武術文化屬性。所以我一直認為，傳統武術是理解中國文化的一個途徑，我認為應該稱之為「武化」，即「以武載道，教化萬民」。所以說，一個人學習武術的過程就是學習傳統文化的過程。

3. 河圖洛書的意義

「河圖」是人們用來記錄和推衍自然運行規律的一種

模型，簡單地說，就是我們生活的這個世界運行規律的一個模型。

前面說過，古人透過測量，定出了四季，四季對應四象，也對應四方。對應的規則究竟如何，已經不可考。我們用另外一種方法，重新瞭解古人發現這些規律的歷程。

試想我們自己置身於古代，最直觀的感受就是寒熱和植物生長的變化。所以四季和四方的對應，應該是源於這兩種現象。人們在不斷遷徙的過程中發現了寒熱的規律：越往北越冷，越往南越熱。寒冷的冬季對應北方，此時的夜空中出現玄武星宿，所以星相對應玄武。炎熱的夏季就對應南方，此時夜空中出現朱雀星宿，所以星相對應朱雀。春季萬物復蘇，秋季五穀豐登，正如太陽東升西落，所以春季對應東方，星相對應青龍，而秋季對應西方，星相對應白虎。

除了對應方位、星相、四季之外，還對應五行。大家都知道五行中北方屬水、南方屬火、東方屬木、西方屬金。學者們透過研究認為，這是古人根據天體金、木、水、火、土五星（隸屬於太陽系八大行星體系）與日月交會的方位來對應的。日月會水星於北方，日月會火星於南方，日月會木星於東方，日月會金星於西方。

古人用數字來建立模型，奇數為陽數，為天數，用圓圈來表示。偶數為陰數，為地數，用黑色的圓點來表示。

如果用數字表示四季，做一個簡單的四象模型（見圖四象）。

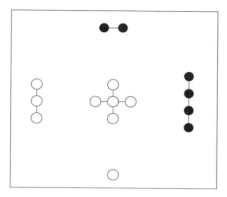

四象

上圖對應的各項內容如下：

天數一：冬季，北方，老陰，水，玄武。

天數三：春季，東方，少陽，木，青龍。

地數二：夏季，南方，老陽，火，朱雀。

地數四：秋季，西方，少陰，金，白虎。

交合五：代表一、二、三、四互相交合化生的過程。

四象模型只是靜態的，而天地則是不停運行的，四象模型並不足以解釋天地週而復始運行的現象，缺少了陰陽的演化。我們的祖先進一步進行推衍和計算，把天地相合分成 3 個過程——生、交、成。

一、三、二、四是天地陰陽二氣「生」的過程。陰陽生發之後，要天地陰陽互相交合，這是「交」的過程，是五。「五」的本意即天地交合。天地交合之後才能化「成」。天一交五，成地六；天三交五，成地八；地二交五成天七；地四交五成天九；天五交五，成地十；地十又歸於天一，進入下一年陰陽二氣的循環，週而復始。陽數

中九為最高，代表天；五居正中，代表地。因而以「九」和「五」象徵帝王的權威，稱之為「九五至尊」。所以，一般九為極數，代表極點，這也就能理解武俠小說裏厲害的武功要用「九陰」「九陽」來命名了。

人們用一、二、三、四、五、六、七、八、九、十這10個數位把天地運動的象數模型完美地建立了起來，用圖形來表示就是河圖（見圖河圖）。

河圖之中只有四季。如果要對農業生產進行更精準而具體的指導，還需要對河圖模型進行進一步演化。加入立春、立夏、立秋、立冬就形成了洛書模型（見圖洛書）。

現在，我們有了8個極點：冬至、夏至、春分、秋分、立春、立夏、立秋、立冬。以這8個極點為根據，把周天分為8等份，這便是八卦模型。八卦就是曆法。八

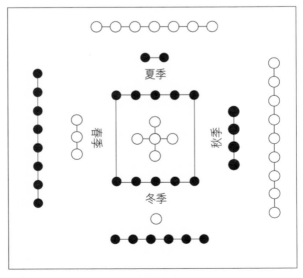

河圖

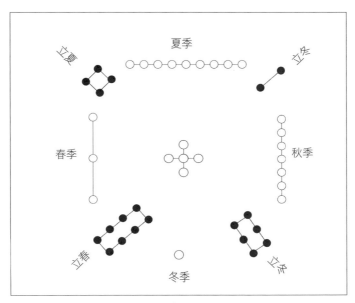

内文字：

夏季

立夏

立冬

春季

秋季

立春

立秋

冬季

洛圖

卦的每一卦分別對應三爻，總計有二十四爻。把周天分成
24 份，二十四節氣便誕生了。

　　由此看來，陰陽、八卦等中國傳統文化獨有的符號並
非故弄玄虛。這些符號在數千年的發展中不斷演變，被不
斷賦予新的意義，逐漸形成了包羅萬象、璀璨奪目的中華
文化。

4. 武道是如何形成的

　　剔除文化因素，武術只是一種搏擊的技能。但如果加
入文化因素，武術就是一種教育的手段。武者可以由自身
的體會來感悟各種學識和道理。古人在武術訓練當中，結
合天人合一的思想掌握天地運行法則，從而讓自己的身體

更好地順應自然規律，最後建立科學的訓練方法，提升自身的武學水準。所以一般來說，當武術修為達到較高境界，武者的道德水準也會很高。

當中華道學的知識體系積累到一定程度的時候，人們就開始研究如何應用了。人類社會規模不斷擴大，逐漸形成了國家。統治者在面對如何治理國家、如何領導萬民的時候，自然會想到用道學來做指導。老子的治國思想便是運用大道。孔子則是給天下所有人安排角色，並規定每個角色的規則，如君君、臣臣、父父、子子，從而讓天下有序運行，但這個規則也是從大道衍化出來的。所以各種治國思想的本質都是要順應大道，用大道的法則來推動社會運轉，這種思維便是天人感應的雛形。天人感應是我們祖先非常了不起的思想。

在各位思想家用天人感應的思維方式研究治國理政的同時，武術作為大道的一種載體，也開始體現出天人感應思想具有的指導意義。古人發現人體很多地方都與大道相似，能夠一一對應，於是便用大道運行的法則來創建武術方法豐富武術指導思想。

人的身體從平常生活狀態下進入練武的狀態便是大道的象，叫無極。之後透過一系列的方法練出了混元勁，也就是整體勁，這便是道生一。再根據各家拳法理論生成不同的勁法。太極拳從一生成二，為陰陽，之後生成八，為八法勁。形意拳從一生成五，為五行拳勁，又遵循五行相生相剋的理數，衍化為十二形。天有道，人有道，拳有道，只不過人們對道學的理解不一樣，結合自身的特長與

環境條件，才創立了不同的拳種。可以說，各種拳派都是人們用道學思想來指導武術訓練的產物。當人們用道學思想來闡釋和指導武術訓練的時候，武術就成了承載道學的一種載體、一種方式，武道就應運而生了。

5. 武道演化的案例：形意拳

用大道指導武術，便形成了武道、武學。以三大內家拳為例，八卦創拳，遵循八卦學說，源於八卦圖；太極創拳，遵循太極陰陽學說，源於太極圖；而形意創拳，遵循五行數理，源於河圖洛書。前文說過，河圖洛書是古人在對客觀物質世界進行深入觀察和瞭解的基礎上，對萬事萬物運行規律的高度總結和概括，用其理論指導武術，必然有非凡的意義和促進作用。

大道的形成從無到有，然後生一，再生二，再生三，而後天地化合衍生萬物。武術訓練在大道的指導下，也是對應這個順序。

人在自然狀態下修正身法，具備了產生內勁的條件和基礎，便是對應大道從無到有的「無」。這個「無」是道孕育的環境，無形無相，在我宣導的武術訓練體系裏，對應的是無極樁；修正身法之後進入換勁階段，換勁的結果便是得到筋骨力，對應的是從無到有的「有」，這個「有」便是道的象，在我宣導的武術訓練體系裏對應的是混元樁。這個筋骨力的體現是整勁，便是對應道生一的一，一生二是陰陽，陰陽再合成三體，在我宣導的武術訓練體系裏對應的是形意三體式。《拳經》云：「道自虛無

一氣生，便從一氣產陰陽。陰陽再合成三體，三體重生萬物張。」從三體式的訓練中獲得整勁之後便化生五行，在我宣導的武術訓練體系裏對應的是五行拳。形意拳是將無極樁和混元樁，即「從無到有，然後道生一」的步驟，融合到了三體式裏面，「三合一」效果更快，但是難度也相應增加了。所以，古人云「以武入道，以武載道」。

形意拳遵循五行數理，便是河洛數理在武術範疇內的一種完美應用，是武道形成的一個範例。道有五行——金、木、水、火、土，人有五臟（《黃帝內經》中為「五藏」）——肺、肝、腎、心、脾。當人們發現人體有五臟的時候，必然要研究五臟的作用、五臟之間的相互關係。研究發現，心臟功能良好必然會滋養脾胃，還會影響肺的功能。由此可知，五臟之間的關係是互相促進和影響的，正暗合五行相生相剋的理論，若趨於平衡則身體強健。於是將河洛的五行思想應用於此，解釋人體五臟的運作。

武術家將陰陽五行理論應用於武術，便形成了武學和武道，進而演化成各種派別的武術；立志於治療人體疾病的醫者將陰陽五行理論應用於治病，便形成了醫學和醫道。所以自古以來醫武同源，醫武不分家。在過去，每一個武術家都是半個中醫醫生。

古人認為，人的五臟是秉承五行之氣而生的，所以身體內自然含有五行之氣。人出生的時候，體內含有「精、氣、神、性、情」五種氣質，純屬先天，稱為「五元」：元精、元氣、元神、元性、元情。它們在身體內對應五臟，在身體外則對應「五德」——仁、義、禮、智、信。

「五元」是五行之氣，「五德」是五行之性。人在出生之前，五行之氣集於一處，稱作「太極一氣」，「五元」「五德」都蘊含在內。人在幼年之時，雖然也有喜怒哀樂，但是都出於無心，所以渾然一氣並沒有損傷，一直保持太極一氣的象數（狀態），精力飽滿。長大之後，古人認為這個界限是二八之年，也就是十六歲，先天氣足，陽極生陰，人慾大起。「五元」「五德」逐漸被消耗，「五元」分別轉變為「五物」──濁精、妄意、識神、遊魂、鬼魄。然後「五物」產生「五賊」──喜、怒、哀、樂、慾。「五賊」消耗人的精神體魄，所以所有的修身養性法門都要求儘量克制七情六慾，其道理正源於此。

郭雲深前輩說過：「吾拳之道，在於練之以改變人之精神氣質。」所以形意拳外練形體、內練臟腑、調養氣血、淬煉精神，讓體弱變體強，其原則便是克制外慾、消滅「五賊」、還元返本、歸根復命，這也就是武人代代相傳的至理名言「未練拳，先練德」的來源。

返還之道也是按照五行數理，以陽克陰，返陰還陽。從中央戊土開始，始於土也終於土。橫拳調養脾胃，有意無形，所以「出手橫拳不見形」。而炮拳是一氣開合，雖然有爆炸之力，但講究和而不怒，燥氣化盡方為至善。鑽、崩、劈各有妙用，最終合於橫拳，五行合一，五氣朝元，「真土出現」。《拳經》中「橫拳，一氣之團聚也」說的就是這個意思。五行歸於一氣，一氣居於正位，就是河圖的中心，如此便會慢慢體驗到煉氣化神、煉神還虛的妙處，與道家修道的象數相對應。

　　用傳統的五行學說和道家修煉來解釋，有的讀者會覺得很玄，其實不然。誠如開篇所說，我們的祖先是從天地萬物當中總結和歸納這些規律，其具有一定的科學性。上面的五行數理，用現代語言描述就是用人的後天意識規範自身的言行和思想，儘量克制自己的情緒和慾望，不消耗身體，同時利用武道當中的訓練法門調養氣血、滋養臟腑、暢通經絡，使人體逐漸健康，精力充沛。所以形意拳是以動作求內勁，以內勁練身體，內含導引的功效。形意拳是武道體系內讓人體順應大道規律運行的一系列方法，是將健身、防身合二為一的優秀法門。

　　形意拳把五行學說應用到拳術上，便是五行拳。五行拳的核心是「劈、鑽、崩、炮、橫」五種勁力，這是從形意拳的角度去概括、歸納人體發出的所有力量的五種類型。若從太極拳的角度歸納，從八卦掌的角度歸納，從八極拳的角度歸納，形成的拳勁就又不一樣了。

　　太極拳為「掤、捋、擠、按、採、挒、肘、靠」，八卦掌為「推、托、帶、領、搬、扣、劈、進」，八極拳為「頂、抱、撣、提、挎、纏」。

　　其他拳種的幾種勁法之間的關係在這裏暫且不討論，單說形意。形意五行拳勁源於河洛數理，因此五行拳勁之間也有了相生相剋的關係，在實戰技擊中的應用也是離不開這種關係的。當然技擊用勁不是做理論研究的，在實戰中如何利用訓練出來的身體本能快速做出正確的反應，這又涉及一個相當龐大、複雜的訓練體系。在這裏，我旨在探討、驗證大道應用在武術上形成武道的案例。

（二）
中國傳統武術的當代定位

1. 武術真假的標準

很多人提到武術，第一個想到的就是「實戰」，俗稱「打」，並且把「能不能打」作為武術水準高低的唯一判斷標準。我雖然不敢苟同，但也不能說這種看法完全是錯的，因為在武術傳承過程中確實是這樣的。兩人打擂，最後一個站著，一個躺著，站著的才有話語權。

古人對自然界的認識有限，對重力、慣性、反作用力等物理學知識不能做精準的描述，知識儲備也遠沒有現在豐富，對於習武的過程中出現的各種現象和感受，不能用現代人容易理解的各種科學理論來解釋。傳統武術以防身為目的，圍繞內勁的產生和運用而設置一系列方法，也是挖掘人體潛力的一系列方法。人體的細微變化在很多時候是不能用語言準確描述的，只可意會，難以言傳！

禪宗開悟也是這樣。佛法超出了語言可描述的範疇，佛曰：「不可說，不可說，說即是錯。」因此，「達摩西來一字無，全憑心意下功夫。若在紙上覓佛法，筆尖蘸乾洞庭湖。」傳統武術的精華是要靠體悟的，除了師父口傳身授，自己還要心領神會。

由於每個人的身體條件不一樣，認知水準、教育程度不一樣，同樣的感受會描述成不同文字，更何況受年代侷

限，能運用的知識遠不足以說清原理，因此圍繞武術的爭論和探討最終都說不清楚，結果就是以比武論高下，誰贏了誰說的就對。所以習武的人好鬥也是常事。久而久之，武者便習慣了把「能打」作為練武的唯一目標，也就把「能不能打」作為判斷武術真假的唯一標準。雖說有一定道理，但客觀來說，用「能不能打」來判斷武術真假有些絕對化了。

隨著社會的發展，現代人對武術的需求與以前不一樣了，還沿用以往的標準來衡量它就有些不合時宜了。這就涉及對武術的定位問題，不同的定位會產生不同的衡量標準，後文會詳細介紹。

2.「能打」是社會環境的要求

武術起源於「打」、服務於「打」，說武術的根本就是「打」也沒錯！絕對沒錯！但那是以前。

古代人出門在外，有非常大的概率碰到劫匪，不但損失錢財，丟了性命都有可能。再加上戰爭時有發生，社會團體之間還有利益衝突，這就需要武力保障。

武術的最重要作用就是「打」，但是這種「打」不是「搏擊」，而是「搏殺」「搏命」。練不好會丟了性命，能不辛苦訓練嗎？

我把傳統武術的整個訓練分為修正身法、換勁、練勁、用勁、實戰五個階段，再加上硬功夫訓練，組成完整的訓練體系，而搏擊能力是經過各階段訓練後綜合能力的體現。假設你花了十來年的時間，按照完整的體系訓練，

包括硬功夫，最終練成。那麼你可以厲害到輕而易舉地一掌把人拍死。如果是古代的擂臺比武，簽了生死狀，你可以隨意發揮，即便反應、速度、體力、體重都不如別人，但只要尋找到機會一掌拍死對手，你也會贏得比賽。

但是在現代，我們是不允許打擂的，這是文明社會的必然要求。在現代，必須給比賽雙方加戴護具才能比賽，為的是減少人身傷害。這樣，你的硬功夫就沒用了。硬功夫代表殺傷力，損失了殺傷力的武術，只剩下技巧了，相應地，現代比的只能是格鬥技巧。應用場景反過來引導訓練方法，既然訓練殺傷力已經沒用了，那為什麼要訓練？再進一步想，不訓練殺傷力的傳統武術所留下的不就是「花架子」了嗎？

過去的三百六十行中就有武行，作為一種謀生的手段，可以開館收徒，可以看家護院，算作一種營生。在過去，老百姓除了種地、打獵、做手藝活、做小生意外，就是參加科舉考試，出路太少，相比之下，進武行混口飯吃還算容易。自古「文無第一，武無第二」，武風盛，是非就多，一言不合就開打是常有的事，所以沒有實戰能力則寸步難行。在這種社會環境的影響下，傳統武術所體現出來的價值就是防身自衛、實戰搏擊了，也就湧現出很多靠實戰立威、比武揚名的大師。我們的先輩們不斷總結經驗，逐漸領悟並運用了我們現在稱之為物理學原理和人體科學等的一系列知識，經過多少代人的積澱和發展，形成了如今博大精深的傳統武術。

如今國泰民安，經濟繁榮，即便是給了你一身神功，

可以輕易擊敗泰森，又有什麼實際意義？看到這裏，你可能會有不同意見，認為傳統武術可以走職業化道路，對於這一點，後文會有詳細的論述。

3. 傳統武術修煉之難

接下來，我們看一下傳統武術的正確修煉體系是什麼樣的，怎樣才算是習武有成。

首先，傳統武術修煉是圍繞著「勁」展開的，其攻擊力主要源於人的筋骨，而不是肌肉。人在日常生活中形成了以肌肉力量為主的用力習慣，所以傳統武術練習者首先要做的是修正身法，然後換勁，即換掉以肌肉力量為主的用力習慣，形成一種以筋骨為主的新的力學結構。

身法修正以後，人體重力重新分配，筋骨結構承擔了肌肉原本承擔的力量，肌肉才有放鬆的前提和可能，才能真正地放鬆。

修正身法以後就需要進行「換勁」了。換勁就是將原來以肌肉力量為主的發力改為筋骨發力，把零散、部分的用力整合為結構發力、整體發力，針對這個階段的訓練目標，各門各派都有自己的獨到方法。

換勁之後還要經過「練勁」環節鍛鍊筋骨，使筋骨越來越強壯，發出的力量越來越大。同時，還要根據本門特色，把發力、用力的原則融入招式裏，形成拳勁並完美地表現出來。至此，拳勁上身，就要開始練習「用勁」了。

各門派練的內勁不一樣，如用太極拳的招式就很難發出形意拳的勁力。太極拳的用勁原則是「捨己從人，引進

落空」，而形拳意的用勁原則是「硬打硬進，起落鑽翻」。

經過「用勁」階段的訓練後就可以進入實戰訓練了，但這並不代表「能打」。要「能打」，首先要具備殺傷力。沒有殺傷力，所有的技巧都沒有意義。對手站著不動，任你打來打去，你自己累趴下了，對手還沒事，這樣根本不是打。很多傳統武術愛好者與人搏擊的時候被打敗的根本原因就在於沒有經過完整的系統訓練，尤其缺少勁力、殺傷力的訓練。

所以，在進行上述各階段訓練的同時，還要強化訓練指、掌、拳、腿、膝或其他部位，使之殺傷力增強。經過了前面各階段訓練之後，你的反應速度、攻擊速度都相當快，在門派的技擊法則已經形成條件反射的情況下，達到了「當者披靡」的水準，不但可以輕易拍到人，而且可以輕易拍死人，這才是傳統武術應有的實戰能力。

當然，如果你不經過前面各階段訓練，只是訓練硬功夫的話就會出現你一掌雖然有拍死人的威力，可惜你拍不到人，因此，也不叫「能打」！

真正的傳統武術，必然要經過修正身法、換勁、練勁、用勁、實戰和硬功夫等各個階段的訓練，這是一個系統、一個完整又科學的訓練體系。

不過，想要在傳統武術上有所成就，確實很難。修正身法、換勁、練勁、用勁乃至硬功夫和實戰訓練，缺一不可。沒有良師指點，每一個階段都可能耗費你多年的時間和精力，乃至有些習武者練了一輩子都不知道什麼是身法。除了有充足的時間以外，還要有良師用心血澆灌，個

人的知識儲備、學識素養以及理解能力等都是至關重要的因素，其中任何一個因素出問題都會導致訓練時間無限延長，最終影響訓練成果。練習傳統武術能有所成就，實屬不易。

4. 武術技擊是雞肋

傳統武術從產生到現在，一直是順應社會的需求而變化的，不是一成不變的。現在很多人喜歡用實戰能力來評判傳統武術，顯然是默認了傳統武術的標準是一成不變的。殊不知，天底下沒有什麼是固定不變的，最穩固的不變只有《易經》裏講的「不易之易」！用唯物辯證法的觀點來描述，便是「世界上的一切事物都處於運動變化中，沒有不運動的物質，因而運動是無條件的、絕對的和永恆的。」

傳統武術的發展也遵循這個規律，不同年代所體現出來的價值也不一樣，或者說在傳統武術的體系裏重點表現的因素不一樣。過去的重點是防身和技擊能力，而如今更突出的是傳統武術的健身和文化功能。

無論是重視武術的防身能力而否定其健身功能，還是重視其健身功能而否定其防身能力，都是片面的看法。就像槍裏的子彈是啞彈，沒打出來，不能因此而否定槍本身不能發射子彈一樣，即便現在所有的傳統武術習練者都不能「打」，也不能否定傳統武術的實戰屬性，這是兩回事。我們不需要向那些不瞭解傳統武術的人和為了炒作而詆毀傳統武術的人證明什麼，因為前輩們早已證明過了。

畢竟在傳統武術大放異彩的年代，很多真正的大師留下了真實的事蹟，有抵抗侵略者的程廷華，有打敗各類挑戰者的孫祿堂，也有打敗西方挑戰者的韓慕俠，等等。傳統武術的實戰能力不是現代搏擊術可以相比的，只不過現在很少有人能接受完整的傳統武術體系的訓練罷了。現象是現象，本質是本質，無論現象怎麼變化，本質是沒有變的。

如今，那些固執地認為學武術一定要「能打」的人，就像是到了岔路口的行人，原本目標在正前方，可是後來目標發生了變化，再繼續往前直行是死胡同，往旁邊拐彎才通往目標。可是由於思維慣性，這部分人還是習慣性地往前直行，走入死胡同，甚至鑽進牛角尖。這就像武術，原本其最大的作用是搏擊，在遭遇不測的時候可以保護自己。此時的武術必然是追求「能打」，否則就是假武術。

但是隨著社會變遷，今日武術中搏擊的意義已經不大了，人們對武術的需求已經從遭遇不測的時候保護自己轉移到了強身健體、延年益壽了。如果還是沿用以前的判斷標準，用能不能打來評判武術，那無疑是走進了死胡同，鑽進了牛角尖。

有人說，我習武用來防身。假設你有一身神功，常常出門在外，也相當於過去行走江湖。過去行走江湖是靠雙腿走，有錢人坐馬車或騎馬。但現在你可以坐著飛機、火車、汽車去。過去出行需要經過荒山野嶺、鄉野小道，而現在你經過的一般是飛機場、火車站、汽車站等人口密集的地方。可想而知，你這一輩子能碰上幾次威脅到自身性命的情況？或者碰到幾次歹徒威脅到他人性命需要你拔刀

相助、挺身而出的機會？這個問題其實不用我回答，大家心知肚明。在如今的社會環境下，發生這種事情的概率很小。既然如此，那你付出那麼多辛苦、練就那麼高的搏擊能力幹什麼呢？

有人會說，我「能打」了，誰欺負我，我就打誰，我可以不被人欺負。可是仔細想想，即便是正當防衛，還有防衛過當之說，如果依靠自身的搏擊能力對他人濫施暴力，其結果就像當年師父對我說的：「腳踩兩院，不進醫院，就進法院。」既然如此，你那麼「能打」有什麼用呢？

還有人會說，可以作為職業，養家糊口呀！從事職業搏擊掙錢。要知道，如今工作機會非常多，維持生計比較容易。而傳統武術需要經過「修正身法、換勁、練勁、用勁、硬功夫和實戰」各個階段的訓練，需要花費一個人幾年甚至十幾年的黃金時間，此外還要理解能力高、師父肯花費心血培養，才能有所成就。成功的條件不但複雜，而且近乎苛刻。有些人沒有找到好的師父，一輩子都沒換過來勁，何談練成呢？

回到開始的問題，如果現在再問「能打有什麼用」，我想很多人都會無言以對。而這就是當今傳統武術實戰能力退化的原因。

前文說過，要練成傳統武術，時間、明師、勤奮、知識積澱、理解能力缺一不可，即便具備了這所有的要素，最終練成了，但付出了這麼多，只為了「能打」，在如今的社會環境裏值不值呢？

5. 傳統武術的三大意義

傳統武術在當今社會的三大意義：防衛、健身和傳統文化修習。

人們以防身、技擊為目的發明了武術，但在武術發展的過程中，人們還發現了武術的健身價值，但起初健身價值只是副產品。前面已經說過，隨著社會的不斷發展，人們對武術防身、技擊功能的需求已經轉化為強身健體、延年益壽了，所以武術防身、技擊功能不斷弱化，而健身價值越來越為人們所重視。同時，武術的發展又促使人們用自己掌握的知識來闡釋武術、總結經驗，以便更好地理解和傳承武術。

很多人練了一輩子武術，到最後才發現能讓自己健康比「能打」更有用。現在很多人盲目崇尚武術，覺得「尚武精神」就是搏擊，到處叫囂武術必須「能打」，認為武術除了「能打」以外沒有其他作用。

他們片面地強調搏擊能力，無形中被狹隘的思想束縛在一個小小的領域當中，忽視了社會環境對武術的影響。賽場上的搏擊叫「運動」，生活中的搏擊叫「打架」。我相信在不久的將來，人們會日益重視武術的健身和文化屬性，從武術當中知行合一地學習傳統文化，感悟傳統文化的無窮魅力，達到強身和開智並舉的目的。

在全民健身的大環境下，武術的強身健體和文化陶冶功能日益突出，防身和技擊功能逐漸弱化，所以是時候順應社會潮流，給傳統武術重新定位了。除了從中汲取傳統

文化和修身養性之外，還有一句話說得好：「詳推用意終何在，益壽延年不老春！」——先輩們早已明示。

6. 如何定位傳統武術

現在社會上有很多聲音，認為傳統武術應該改革。那麼我們對傳統武術究竟該抱有一種什麼態度呢？答案是保持傳承，重新定位！

一方面，傳統的核心修煉方法不能丟，傳統武術裏蘊含了豐富的內容：有文化，有養生，有防身技擊。另一方面，強化我們現在需要的，弱化我們不需要的。傳統武術的訓練從來只有一個體系、一個方向。在這個方向上，從起點往前走 20 公尺，是理解武術，感受其背後的文化；往前走 50 公尺，是養生，可以發揮武術的健身功能；往前走 100 公尺，才是防身技擊功能，也就是實戰。

目前我們需要的是文化和養生，那麼，我們應著重練習養生的部分、理解武術背後的文化。所以，我們在保證方向正確的前提下往前走 50 公尺就好了。100 公尺之後是防身技擊和實戰，當下我們不需要追求它，但作為中國人，我們有責任把先輩們的經驗、方法留下來、傳下去，等後世子孫需要的時候有法可依，不至於斷了傳承，否則他們還得從國外學回來。

這真不是危言聳聽。因為在國內，傳統武術被貶損，現在越來越多的名家在國外傳拳。甚至有一些武術高手被國人傷了心，乾脆只傳外國人，不傳中國人。

—————（三）—————
傳統武術與現代搏擊的區別

　　說到傳統武術與現代搏擊的區別，很多人都認為，傳統武術過去是用於戰場殺敵的，有一些殺招不太適合賽場。還有一些以擊倒對手為目的的技法，如「插眼踢襠」等也不適合賽場。誠然，現代所有的武術比賽都以保證選手的人身安全為前提。所以上述說法有一點道理，但這只是二者適用範圍不同，並不是它們本質上的區別。

　　現代搏擊的攻擊力來源於肌肉發力，不需要經過傳統武術訓練的修正身法和換勁兩個階段。與之配套的格鬥技術相對也比較簡單。有很多人說散打和傳統武術一樣，也是腳底發力，然後到腰、肩，再到拳，也是整體力，其實不然。仔細分析會發現，進行散打、拳擊時的發力雖然也是起於腳底，但其攻擊力來源的本質可以用物理公式表示：動量（P）＝拳頭的品質（m）× 速度（v）。

　　蹬地、扭腰、送肩，然後出拳，是為了獲得更快的速度、更大的慣性。由腰腿驅動身體做小幅度旋轉可以獲得更快的出拳速度，從而加大攻擊力。

　　但內家拳的整體力不是這樣。雖然看起來同樣起於腳跟、形於手指，但它不是用擺動身體帶來更快的速度，而是整合全身以形成結構，腳下驅動，手上自然發揮威力。運用整體力攻擊對方的時候沾衣發力，手直接打向目標，無須由後撤來獲得距離──兩點之間直線最短。手在打向

目標的時候，手上的肌肉並沒有緊張和發力，身體自然跟上，同時腳下發力驅動，肩胯齊動，在手挨到目標的瞬間，肘和身體、肩和胯以及腳底發力產生的驅動力同時到達，這樣全身同時發力，將蹬地的反作用力與身體的慣性、重力完美地結合起來，形成了爆發力。

這樣的發力模式，發透勁時，撐鑽像錐子一樣深入，發長勁時，又像推土機推土一樣勢不可擋，顯然與散打的蹬地、扭腰、送肩的發力方式不一樣。這樣的方式縮短了攻擊距離，古人在不知道重力、慣性等科學知識的時候已經完美地利用了重力和慣性。

由此，我們發現其實古人經由自身的實踐和體悟，所達到的高度是當今很多外國的訓練方法無法企及的。那些盲目吹噓外國的訓練如何先進的人，其實根本不瞭解自己國家的文化和傳統武術的訓練思想，被一些膚淺的觀點影響，人云亦云，抵觸、誹謗傳統武術和文化。

所以在這裏，我想與大家分享一個觀點：一個現代的文明人，保持應有的理智和客觀是起碼的素養。不瞭解不等於不存在，不能因為不瞭解就大肆詆毀。這樣做，有損於自己民族的尊嚴。

同樣一個人，你對他說「矛盾是一分為二的，一個事物通常有對立和統一的兩個方面」，他認為這是科學。可是如果說「一陰一陽謂之道」，他就會認為這是封建迷信、是落後思想。其實仔細想想，「陰陽」和「對立統一」只是描述同一個思想的不同用語而已。

我再舉個例子。電腦的計算是用二進制，其數據用

「0」和「1」表示，據說來自中國《易經》裏的「陰」和「陽」。但是你對一個不知道這個關係的人說電腦的計算原理是「陰陽」，陰陽互相作用而生萬物，他會覺得你在胡說，電腦怎麼會與「陰陽」扯上關係呢！但是，如果你說電腦的計算用的是「0」和「1」的二進制，進而演化出各種程序，他會立刻認同。

不得不說，這是現代教育的一個缺憾。對傳統的表達方式一無所知造成了文化上的斷層，以至於出現了這樣的怪現象：越來越多的外國人對中國文化表現出了濃厚的興趣，而中國人卻樂此不疲地貶低自家文化。

現代搏擊和傳統武術的區別，用語言描述起來比較複雜，我嘗試以散打為例，用下圖來表示，如此大家就一目了然了。

下圖表示得很清楚，散打等現代搏擊可以直接訓練實戰需要的拳法、腿法等技法，然後將這些技法用於實戰。

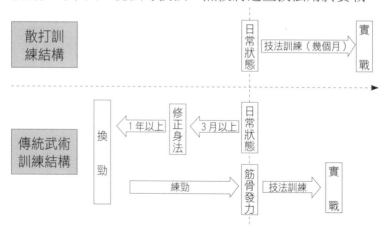

散打與傳統武術訓練結構的不同

但是同樣的思維就不能套用在傳統武術的訓練體系上了。傳統武術的訓練思維是先經過修正身法、換勁和練勁階段的訓練，學會了筋骨發力，也就是獲得內勁後，到了用勁這個階段才開始訓練實戰技法。每個階段訓練的目的不同，隨之產生的訓練方法就不同。再加上個人身體條件、思維偏好的差異，所以即便是同一個階段，訓練方法也會因人而異，難免有所差別。

如今真正懂傳統武術的人很少，練到用勁階段的人更少。很多人連勁都沒換過來卻開始研究用勁，甚至著急地想練習實戰。實際上，練了幾十年，天天講放鬆，卻連放鬆的真正意義都不知道；天天講氣，連氣都沒練出來，卻偏偏喜歡把身體裏的微動歸結為氣而大談特談，最終荒廢了時間，最終連武術的門都沒入。如此，連換勁都沒換過來的人，又何談練勁和用勁呢？

比如太極拳，的確是高級拳種，楊式太極拳僅用一個套路就可以完成從入門到高手的所有訓練。但是只有極個別天才才可以用一個套路完成 4 個階段的訓練而成為大師。絕大部分人的悟性不如這些天才，所以一代人也就出一兩位大師。如今太極拳習練者數以億計，練到能用太極勁實戰的又有幾個人呢？

因人而異，因材施教。中國古代的哲學、中醫和武術，都延續著這個思路。可惜今人對此沒有做深入瞭解，只是盲目追求效率和速度，而不懂我們老祖宗的智慧。

反觀現代搏擊訓練，不管男女老少，都用一樣的技法實戰，平時的訓練內容和實戰方法也是相同的。把這個標

準硬套在傳統武術上，肯定水土不服。

在傳統武術的訓練體系當中，在練習勁力的同時還注重硬功夫的訓練。無論古代還是現代，兵器都是受管制的，退而求其次，苦練自己的拳、掌、指等部位，這樣在實戰中即使沒有武器，也勝似武器。

比如一個練鷹爪功的人的手指力量達到了可以捏斷骨頭的水準，實戰時在手眼身法步等技法的配合下，只要抓住對方手腕就可以用力捏斷。假設這樣的高手面對的是現代搏擊運動員，自己的前手離對方的前手不過幾十公分的距離，探手即可碰到，抓住其手腕的難度不大，此時只需抓住對方手腕用勁一捏，即可擊敗對手。這才是應有的傳統武術實戰情景。

記得以前有個電視節目，介紹一位練一指禪的同道，他的手指可以承受整個身體的重量。如果將 80 公斤的重量集中在一根手指上攻擊對方，在人身體上戳個窟窿不成問題，這樣的攻擊力在相應技法的配合下，實戰威力讓人恐懼。當然，我旨在強調傳統武術訓練體系的完整性，用現在的辭彙來描述就是訓練完成以後可以獲得超強的攻擊力、反應力和速度，有這樣的基礎才有資格去談實戰。

沒有硬功夫訓練，就沒有殺傷力；沒有系統訓練，就沒有運用硬功夫的條件。二者兼得才是一個合格的傳統武術練習者。

所以，傳統武術和現代搏擊從指導思想到勁力運用，再到訓練方法，都不一樣，完全是兩種訓練體系，不能一概而論。

———— （四）————

傳統武術修煉體系詳述

武術修煉的直接目的就是拓展人體的速度、力量、反應能力，掌握格鬥的技巧。傳統武術由於在發展過程中不斷融入中國的傳統文化，所以形成了博大精深的文化內涵。這些文化內涵會對人產生潛移默化的影響，最終使武者以武入道。

而針對用於防身自衛的各個要素——速度、力量、反應和技巧，傳統武術的各個門派都有自己的修煉體系和方法。每一種拳術都是祖師爺在自身的身體條件、文化水準和機遇等多種條件的綜合作用下形成的獨特體系。

比如太極拳要練套路、推手，詠春拳要掌握小念頭、尋橋、標指、木人樁、黐手、實戰的修煉體系。但是，把所有的拳術綜合起來，提綱挈領地分析，我們會發現它們大致都需要經過「修正身法、換勁、練勁、用勁、實戰」5個階段，而且每個階段又有很多種練法。

1. 修正身法

一個人從不會武術到練出內勁、進入武術的大門，中間的質變轉捩點就是身法要領。身法要領是產生內勁的前提條件，雖然簡單，但卻最關鍵。武術的根源在內勁，內勁產生於身法。身法不正，則內勁不生。

要知道，萬丈高樓平地而起，樓能蓋多高，取決於地

基。簡單地說，身法要領就是人體各個關鍵部位的細微變化，這個變化決定著人體的力量傳導，差之毫釐，結果就會相距千里。身法要領不對，內勁就練不出來。傳統武術的內勁是由人體筋骨主導的筋骨結構力。要想練成傳統武術，首先就要改變身法，重塑自身的力學結構。而這就是我所說的修正身法階段。

至於修正身法的方法，各門派都不一樣，太極拳是在盤架子的過程中修正的，形意拳是用三體式樁功來修正的。對於初學者來說，這兩種方法都比較難，所以我宣導用無極樁來修正身法。

無極樁既然以「無極」命名，就表明這是大道孕育的前提條件。無極樁看起來簡單，實際上一點都不簡單，往往被初學者忽視。有的人談到無極樁的時候總是一掠而過，有的人乾脆宣導怎麼舒服怎麼站、怎麼放鬆怎麼站。

其實這個「舒服」是有前提的，否則躺下的時候是最放鬆、最舒服的，為什麼人每天躺七八個小時，卻沒能練出功夫來？工廠流水線上的工人因為長期站立，必然會找最舒服的站姿，然而他們也並沒有練出功夫來。顯然這樣的理解是錯誤的。我這裏把無極樁的重要性再強調一遍。

關於無極樁的詳細練法，在本書「內勁修煉」裏會有非常詳細的說明，更多初學者可依此更順利地踏入傳統武術的大門，一窺傳統武術的魅力。

2. 換　勁

換勁是傳統武術修煉的重要一環。武術中攻擊對手的

力量俗稱「勁」，是鬆開肌肉，由筋骨支撐形成的筋骨結構力，配合相應的訓練筋骨的方法就會形成「跌人丈外」的內家拳勁。有了這個勁，武術的修煉才算入門。如果沒有這個勁，只練套路、盤架子，就算再辛苦也還是與廣播體操一樣。

所謂換勁就是把肌肉用力習慣改成筋骨用力習慣。各門派的換勁方法不一樣，太極拳用套路，八卦掌用轉樹，形意拳用站樁。目前，多數拳種都認可的一種簡單快捷的方法就是站樁。在靜立不動的狀態下，體會身體肌肉鬆開、筋骨支撐的感覺，慢慢形成習慣。筋骨之力就在靜立當中漸漸增長，逐漸強大。

當然，樁功不是隨便一站就可練成，人體在日常生活中形成了自然的用力習慣、身體的重力承受習慣，改起來很困難。一般來講，站樁講究 3 個月定型，也就是「百日築基」。用 100 天左右的時間來掌握樁功的要領。練成樁功要求的身法之後才可以開始著手訓練換勁。雖然它們動作一樣，但是練法卻相差很大。

前 100 天修正身法，師父不斷糾正，使之形成身體記憶，最後身法不再變形，這個階段才算完成，之後才可以進入正式的換勁訓練。此時，樁功就是個載體，想練什麼勁、想要達到什麼效果，就可以給樁功做不同的安排，由借假修真的方法，練出不同的效果來。

樁功的具體要求各不相同，但是基本的身法要求是相同的，具備了這樣的身法，架子才算搭成功了。

身法要領是虛領頂勁，含胸拔背，沉肩墜肘，尾閭中

正，湧泉吸空。要點涉及湧泉、曲池、肩井、會陰、膻中、百會等穴位。

關於這些要領怎麼做到，傳統的師傳領域都是只可意會不可言傳的，因為這是很抽象的東西，師父描述出來，弟子也不一定能聽得懂，即便聽懂了，身上的感覺未必有。要用科學、通俗的話說明白還真不容易。

當初師父教我虛領頂勁的時候，說像肉鉤子鉤著肉、像頂著一張紙。我一直以為自己理解了，可是直到有一天我自己真的做到了，才知道原來的理解都是錯的。我用了一年多才突然找到這種感覺，找到之後想換一個更明白的描述文字，苦苦思索良久，還是覺得師父的描述比較貼切。直到今天，綜合了很多知識，才可以把它用通俗的語言描述出來。具體細節我會在後面的文章裏與大家分享。

3. 練 勁

練勁首先要練整勁，以整勁為基礎再練拳勁，是為內勁。

在練成整勁之後，練勁的內容包含增長功力和發勁兩部分。增長功力主要由樁功和單操訓練來完成，目的是強化筋骨，使自己的身體能發出的整勁越來越大，這相當於在做一個炸藥包，裏頭裝多少炸藥，直接決定最後的爆炸威力。

而發勁，就是引信。傳統武術不會發勁就好像炸藥包沒有引信，無論有多大威力，終究不能發揮。武俠小說裏有一個例子，段譽悟性高，看著劍譜就學會了六脈神劍，

但是有時不起作用，原因就是不會使用內力。最典型的是《神雕俠侶》裏的覺遠和尚，身懷九陽神功，內功絕頂，卻不會使用，實戰能力大打折扣。這雖然是小說裏的虛構，但是道理相似。

站樁求勁的結果是筋骨力形成整勁，之後怎麼用才是關鍵。換勁就相當於練「九陽神功」，發勁指的是最簡單的使用方法，二者都是傳統武術的核心部分，缺一不可。

發勁是把筋骨力經過訓練正確地發出來，並讓對手完全承受。這也是武術訓練的核心之一，因為沒經過訓練的人一拳打到對手身上，力量會有內耗，對手承受的力量小於拳頭擁有的力量。而擁有傳統武術訓練的人一拳打到對手身上，不但沒有內耗，力量還會集中爆發，對手要承受的力量等於或者大於拳頭擁有的力量。這個道理不易用文字描述，後文做詳細的解釋。

普通人的自然用力習慣基本上是肌肉發力，在攻擊對手的時候，只有拳頭捏緊、攻擊距離拉長才能獲得更大的動能。這其實符合物理規律，因為攻擊的力度等於品質乘以速度，學過經典物理學的人都知道。但是這種攻擊方法是利用拳頭的慣性去攻擊，是最原始、最粗笨的方法。

當然，我並不是說這樣發出的力沒有效果，有的人用這樣的方法也能發出非常大的力量。但是這樣的方法對於練習傳統武術的人來講非常浪費體力。因為先捏緊拳頭，再向後拉拳，然後用力攻擊對手，暫且不說在這個過程中拳頭運行的距離要遠很多，相應的反應也要慢很多，單說攻擊力度也是要大打折扣的。

　　試想，肌肉在緊繃的狀態下，從遠到近地攻擊對手，在這個過程中力量是有內耗的。一方面，胳膊的揮舞也是要消耗能量的；另一方面，肌肉緊張導致肩膀的力量不能順利傳導到肘上，肘上的力量不能順利傳導到拳頭上，拳頭的力量再大，因為不能全部釋放到對方身上，那麼打出去的拳還有用嗎？拳頭打到對手身上，對手承受的打擊力量僅剩了原力量的幾分之一。

　　所以普通人都是自我感覺良好，覺得自己的力量很大，設想總能一拳把拳手打倒。其實，我們指揮自己身體的能力遠遠遜於專業武術運動員，往往是眼到而手不到，達不到意想的效果。

　　而傳統武術訓練要求放鬆肌肉，目的不光是要將肩膀的力量傳導到手上，而且要訓練出把腳底蹬地的力量由腿、腰、脊柱、手臂傳導到手上，再由手來完美地釋到對方身上。整體力、穿透力、爆炸力等都是從這個過程中衍生出來的不同發勁力的方法。在攻擊過程中不但不消耗自身力量，而且在貫穿的過程中疊加力量，將全身的力量集中到一點上。這個過程是個逐漸擴大攻擊效果的過程，因此發勁的方法就顯得尤為重要。這裏簡單介紹幾種傳統武術範疇中的內勁，以做拋磚引玉之用。

（1）整體力

　　整體力就是整勁、合勁，是內勁的核心。平常說合勁，「合住合不住」，說的就是有沒有整勁。整勁在太極拳裏叫掤勁，在大成拳裏叫混元力、六面力。各個拳種的

術語不一樣，但是基礎勁法是一樣的。在整勁的基礎上，才能衍生出符合本拳種技術特點的拳勁。

拳勁其實是把整勁融合到本拳種的招式當中去，在本拳種的用勁原則上把整勁用出來。比如說，太極拳要實現沾連黏隨，首先要用掤勁來接勁聽勁，然後再引進落空以合勁發出；而形意拳則是硬打硬進，攢裹鑽翻。這只是應用整勁產生的不同技巧，俗稱「打法」。

前面仔細分析過，各種內家拳的基礎勁即整勁是一樣的，沒有分別。有了整勁，說明體內產生了內勁，用這種內勁攻擊對手，自己感覺不到用力，而對手已痛苦萬狀。如果在整勁的基礎上練成了劈拳，是不能直接用人來試勁的，因為初期不能收、發由心，自己出手感覺不到用力，卻總想打得狠一點，殊不知正常人根本無法承受劈拳一擊，因為劈拳合住勁一擊，可以輕易把人的胸骨擊斷。

如何練出整勁，各拳種都有自己的方法，但是就我自己的訓練及教學實踐來看，三體式是練出整勁的最快方法，這也就解釋了為什麼形意拳門派收徒要求「入門先站三年樁」了。不管你會多少套、練了多少年，只要你身上沒有整勁，就意味著根本沒有入門。

有了整勁做基礎，才能研習其他勁力，比如穿透力和爆炸力。用拳頭打人，需要從遠處開始用力，距離越長，力量越大。而沾衣發勁是放鬆肌肉，在貼住對手的時候發勁，這種發勁沒經過訓練是做不出來的。由於拳頭貼住對手的身體，想按照普通方法來發力的話，因為沒有了可提供出拳速度的距離，產生不了慣性，所以就沒辦法產生殺

傷力。而內家拳的整體力是將原來出拳需要的距離換成了身體內部的勁路，恰恰能在此時發出最大的功效。

整勁，顧名思義，就是全身上下形成一個整體，最好理解的也是大家最常用的比喻就是身體上下一體，彷彿是一整塊鐵。此時全身筋骨同時發力，將瞬間產生的撞擊力轉移到對手身上，拳頭只是一個「連接器」的作用，就像汽車撞人一樣，汽車停了，人卻飛出去了。

（2）穿透力

陳國坤演的《李小龍傳奇》裏面有李小龍評價詠春拳和王家腳的橋段。他說詠春的腳踢在自己身上，就像榔頭釘釘子，勁兒往裏頭鑽；王家腳踢在自己身上，就像大棒掄著打。他的話用於描述內家拳和外家拳的勁力效果也不為過。榔頭釘釘子就是穿透力。內家拳的厲害之處就是可以傷人內臟，而傷人內臟卻不折斷筋骨的效果就只有穿透力能做到了。

一記直拳打到對方身上，嚴重的會打斷骨頭。但是如果讓這一拳在發出後產生一點旋轉的話，那麼發出的力量會沿著旋轉的方向呈螺旋狀滲透到對方身體裏，其結果就是骨頭雖然沒斷，但是內臟卻受傷了。這一拳的力量穿過了骨頭，由內臟承受了。

（3）爆炸力

爆炸力很好理解，就是把全身的力量集中到一點上打出，並且在打出的時候瞬間爆發。這其實就是變相的整體

勁。整體勁產生的撞擊效果是可以把人扔出去，功力深厚者可以做到傳說中的「跌人丈外」。

這個勁習慣上叫作長勁，可以讓人後退而不會使人受傷，因為人的後退過程是可以化勁的。

如果同等力量在接觸對手的一瞬間爆發，讓對方在來不及化勁的情況下身體完全承受這些力量，這就是爆炸力，習慣上稱為短勁。這樣的勁是會傷人的，而這種勁的典型代表就是詠春的寸拳。

由上面的解釋，我想大家應該能明白內家拳的發勁方法有多麼重要了。瞭解了傳統武術訓練的體系、環節、步驟和原因，大家就可以在訓練之前先弄明白到底為什麼這麼練，這樣練起來就事半功倍了。

關於發勁方法，在解釋這幾種勁力的時候已經介紹過一些了，整體勁的發勁方法將在後文的樁功發力中詳細介紹，這裏就不贅述了。

4. 用　勁

用勁就是使用內勁、發揮內勁威力的方式，或者說是運用內勁的技巧。單操和套路是訓練用勁的主要方法之一。

套路是承載著傳統武術修煉內勁、發勁和實戰技巧的訓練方法，也是傳統武術的重要組成部分，練套路是很多傳統武術修煉的必經之路。前文介紹過，武術訓練的本質就是獲得遠超常人的反應能力、力量、速度和攻防技巧。可惜的是，由於傳承的弊端和對武術理解的不到位，今天

套路成了僅供表演的「舞術」。

問一問練套路的人，這套拳練的是什麼內勁、這種內勁怎麼發出，十有八九他們是不知道的，包括科班出身的武術運動員。一個武術套路如果沒有了訓練內勁和發勁的部分，相當於丟了靈魂的人。

如果把傳統武術的套路與內勁、發勁和實戰技巧分開來練，那麼恐怕連體操都不如了。套路裏訓練的技巧是以實戰為目的的，技巧又是以內勁和發勁為基礎的。拋開了內勁練套路，那就是無源之水、無本之木。

套路到底怎麼練？

前文說過，套路是以內勁為基礎的，首先要明白本門拳法的內勁是怎樣的，然後透過練樁功完成換勁，等有了勁力，再開始練單操，之後才是練套路。套路是高度綜合的訓練方法。練套路的時候每個招式都要遵循內勁的運行規則，要讓內勁來支配套路的動作。等到內勁運行可以配合套路動作的時候，再練發勁，這樣就可以由練套路來一起訓練內勁和發勁了。等到套路裏的動作全都可以用來發勁了，就該在練套路的時候加入實戰的概念，強化反應，訓練身體的條件反射。

加入實戰概念之前的階段，稱為講手。講手是指師父把套路裏每個招式的實戰意義給徒弟講明白，每個招式固定的用法是什麼，變招的勁力怎麼走、怎麼變。透過這樣舉一反三的變化訓練，達到「因敵變化示神奇」的效果。

有的講手又叫拆招，它們的意義和效果是一樣的，目的就是把當時串起來訓練的各個招式再一招招地拆開以學

習內勁、發勁和技巧，最後忽略招式的概念，形成實戰運用的條件反射。只有經過這樣一系列的訓練，取得良好的成果之後才能接受實戰訓練，最終成為一個真正的傳統武術修煉者。

講手的時候為了讓徒弟快速掌握技術，師父往往親手示範和配合，術語叫餵勁。師父往往會按照套路招式的既假設去進行實戰訓練，徒弟在這種模擬實戰的過程中逐漸練出實戰需要的反應和技巧來。

5. 實　戰

實戰是以應用內勁為基礎的搏擊技巧，非有艱辛的訓練不能成就。在經過了換勁、發勁、用勁的階段訓練以後，才能進入實戰訓練。實戰的目的是運用所練習的勁力，而不是瞎打。

老話講：「立規矩，破規矩。」實戰就是要把前面由訓練固化的習慣再訓練到可以靈活運用，就是要破了以前立的固化規矩，從而進入武術的最後階段——無招勝有招。

三、內家闡秘

（一）
武術練的究竟是什麼

　　我個人學識淺薄，無法給武術下定義。我只知道，中國武術植根於中國幾千年的文化當中，承載著傳統文化的精髓。我曾在大學裏做過有關武術的講座，闡述過武術的文化內涵。武術包含哲學、宗教、醫學、美學、兵學等知識。講飛簷走壁，練武術未必比得上現在的跑酷；講力量，未必比得上舉重運動員；講平衡，未必比得上體操運動員。可是當武術把所有的知識綜合到一起的時候，就達到了令人驚異的高度和效果。武術吸收其他學科知識，不是做簡單的疊加，而是將它們融合到一起，自成體系。

　　那麼武術的魅力究竟在哪裏，武術練的又是什麼？

　　所有的武術門類，歸根結底練的就是力量、速度、反應能力、攻防技巧。只要你擁有了這幾種超常水準的技能，你就能獲得很強的格鬥能力。而正是在追求這幾種技能的過程中，中國傳統武術形成了百花齊放的流派和拳種。說到底，各門武術的評判標準，不是某一個人厲不厲害，而是本門武術獲得這幾種技能的方法好不好。

　　這就好像登山一樣，從四面八方都可以登頂，但是哪條路短、哪條路長、哪條路險、哪條路平坦，我們要有所瞭解。在眾多不同的路中，選擇一條適合自己的路，對於自身而言可以揚長避短，儘快登頂。所以說各門武術的地位是平等的，但是獲取上述 4 種技能的方法卻各有長短，

面對形形色色的修煉者的自身特點，難免有適合不適合之說，這也就有了高低之分。

1. 攻擊力

請注意，我說的是攻擊力，而不是力量。物理上的力的大小取決於重量和速度，也就是說，你的拳頭越大、速度越快，所產生的力量就越大，所以未受過傳統武術訓練的人打人的時候首先需要把拳頭（手臂）向後拉，然後再打擊對方，這樣才能達到最大的攻擊力量。

稍微瞭解一點內家拳的人都知道，傳統武術不是這樣。內家拳講內勁、講發力，詠春拳的寸勁就是典型，所以武術修煉從來就不同於體育訓練方法，當然我們並不否認體育訓練能練出更大的力量。可是，自身力量大就一定能使對方受到大的傷害嗎？這就產生了攻擊力的概念，物理學上叫作用力。

在實戰中，從準備出拳到打到對方身上的過程中，我們發出的力量會逐漸減弱還是逐漸加強？打到對方身上的時候，對方的身體是會緩衝、分散力量還是完全承受我們發出的力量？而對方承受打擊力量的是肌肉還是骨骼，抑或是其他部位？如此等等。以上都是傳統武術需要思考和解決的問題。

傳統武術有很多種勁，典型的勁力有爆炸力、穿透力、撞擊力、寸勁、螺旋力，等等。從外在來看，訓練的目標是走最短的路線，但是又要產生最大的攻擊效果。實現這些目標，有千千萬萬的方法。所以無論是單式、功

法，還是套路的訓練，重視的首先是能不能練出本門武術中要求的攻擊力和攻擊效果，絕對不是指肌肉力量的大小。否則，舉重運動員就可以稱霸武林了。

2. 速 度

武術是要求速度的，而且速度越快越好。當然很多人會問：太極拳怎麼不要求速度呢？那麼慢，怎麼打人？要知道，太極拳的慢，只是訓練方法。只有放慢速度，才能體會太極拳的各種追求，比如說放鬆、發力、神意。對於普通人來說，在快速的運動中是無法體會到這些精妙之處的。所以太極拳要放慢速度來練，當然，這種慢練的方法，可修煉的不僅僅是速度。

在實戰中，太極拳講究以慢打快，後發制人，但是怎樣才能達到這樣的效果？答案是在同等速度下在距離上做文章，所以有捨遠求近之說。舉個簡單的例子來說明。

在實戰中對方揮拳攻擊我的頭部，對方的拳頭距離攻擊目標大概一公尺。用太極拳的打法是沾連黏隨、引進落空，先沾住對方的手，然後隨著對方的運動軌跡找機會近身攻擊，首要目標是對方的手。要與對方的手接觸，如果直接去迎擊，那就硬碰硬了，顯示不出太極拳的高明之處，所以太極拳要在對方的拳頭打到自己身前的時候沾上為佳，此時對方的拳頭伸到極點，正面力量雖然很大，但是側面力量卻是最弱的，利用槓桿原理橫向沾住，僅用一點點力量就足以把對方來勢洶洶的一拳化解掉。

在這個過程中，我的防護手到我的頭部距離一般不足

半公尺，因此在相同的情況下，對方拳頭攻擊一公尺，我僅需要用防護手移動半公尺，速度可以比對方慢一半，這就是捨遠求近。在外人看來，以慢打快的秘密便源於此。

儘管理論上可以比對方的速度慢，但這只是相對的，在絕對速度方面，太極拳也是要著重訓練的。

太極拳的「以慢打快」其實取決於對方的速度，對方的速度快，我也要快，如果對方的速度比我快很多倍，距離上的優勢已經不足以彌補速度的缺陷，落敗就是自然的結果了。《太極拳論》裏「動急則急應，動緩則緩隨」說的就是這個道理。當然，實戰千變萬化，能不能恰當地應用這些原理，就看自身的修煉水準了。

在發勁上，一般的發力方法都是要先將自己的手臂往後拉，形成一定的距離，然後再把拳頭揮出去。距離越大，揮拳速度就越大，攻擊力則越強。而太極拳等內家拳的發力卻不是這樣。

內家拳發力時無需將手臂向後拉，而是直接從攻擊手的位置朝對方身體而去，而且在這個過程中手臂的肌肉要保持放鬆，在自己的手挨著對方身體的瞬間合勁發力，稱為「沾衣發勁」。

這時候自己的手與對方的身體幾乎沒有距離，對方難以躲避，而最後產生攻擊力的速度是自己的手把勁發到對方身上的一瞬間的速度，非常快。這也說明想要發勁更強大，發勁瞬間的速度就要更快，進而說明即便是「以慢打快」的太極拳也是要訓練發勁速度的。

3. 反　應

反應不夠快，即使擁有再強的攻擊力都沒用。對方來拳時不知道躲閃防守，對方出現了破綻也不知道趁機出擊，如何實戰？

訓練反應能力的方法有很多種，各門傳統武術的訓練大同小異，傳統武術和散打之間差別較大。

我們先說說散打的訓練。去過散打訓練館的人都見過，教練隨機出手靶，學員使用各種拳法來快速擊打手靶。這種方法主要是先期教練出手靶的姿勢和學員需要出的拳法做一一對應訓練，然後教練隨機做出各種姿勢的手靶，學員要儘快做出反應，從教練的手靶姿勢上判斷自己應當使用什麼拳法，並且準確無誤地擊中目標。這種方法是一種綜合訓練，雖然主要訓練的是反應能力，但是速度、擊打力量甚至體力也都連帶訓練了。

傳統武術的反應能力訓練是在換勁和發勁的基礎上展開的。當然，換勁和發勁的練習離不開套路。現在很多人不知道套路練的是什麼，或者當體操一樣來練套路，越來越多的人習慣性地認為套路就是武術。

當徒弟在套路中完成了換勁和發勁，就需要訓練反應和實戰能力了。此時師父往往會教徒弟把套路拆開，把一招一式的實戰用法講明白，然後要求師兄弟之間對練。這種對練是一主一輔助的，輔助的一方模擬實戰出招，給訓練的另一方創造使用套路裏招式的環境，這相當於散打訓練當中把手靶姿勢和拳法一一對應起來。

輔助方配合，創造使用招式的環境，訓練的一方則要以最快速度判斷出應該使用的招式並完成動作，還要將訓練出來的勁力發到對方身上。這種對練也叫拆招、講手。將這種反應訓練為條件反射，獲得非常快的反應能力和速度後就可以由散手來訓練實戰技巧了。所以說，傳統武術的反應訓練是靠對練拆招來完成的。

可惜的是，在訓練當中，不少人錯把反應訓練當成了套路表演，不知訓練目的而盲目訓練，結果是自己不能實戰，還誤導了大眾，把套路當體操，把對練當演戲。

我一貫主張對於傳統武術的各種訓練方法首先要明白拳理和目的，然後不忘初心地刻苦訓練，方能事半功倍。否則一步錯，步步錯，白費許多時間和精力，最終對武術失去興趣。

4. 技　巧

傳統武術的技巧是分流派的，各派的特點和要求不盡相同，因為各個武術流派都有一套自己的訓練體系，環環相扣，不可分割。

比如太極拳講究的是以小搏大、以弱勝強，它首先要求做放鬆訓練。肌肉放鬆，筋骨支撐，完成第一步換勁。然後勁起於根、發於腿、主宰於腰，從而形於手指；上下九節勁，節節貫穿，從而發出勁力，這便是懂勁。

懂勁意味著自己身上積蓄了強大的攻擊力，不但能夠產生強大的力量，還能順利地將自己的力量發到對方身上。然而光有這些是不足以實戰的，還需要配套的技巧來

幫助，從而將自己的力量完全發到對方身上。這些配套的技巧便是太極拳的招式，只有太極拳的招式才能完美地展現太極拳捨遠求近的攻防技能，才能將太極拳的內勁完全發到對方身上。

如果你也練武，你可以嘗試一下用太極拳的勁力打一遍形意的五行拳，或者用形意硬打硬進的勁力打一遍太極拳套路。我想像不到這是什麼組合，我也做不到，連身體都在反抗。古人說「練拳容易換勁難」，如果一個人對你說他會少林羅漢拳、詠春拳、通背拳，還會太極拳、螳螂拳、醉拳等幾十套拳的時候，你可以扭頭就走。此人肯定是僅會套路的「體操能手」，只會空架子而已。詠春拳的貼身近打和寸勁爆發，與通背拳的放長擊遠是相悖的，通背拳的招式發揮不了詠春拳的寸勁，詠春拳的短打也發揮不了通背拳的勁力優勢。我想強調的是，每一門武術都有獨特的勁力以及配套的技擊方法。武術訓練都是成體系的，光學套路根本不算學武術，初學者必須明白。

所謂的技巧，在傳統武術的範疇內，就是把套路按照攻防意義拆開，訓練成了身體本能反應，在實戰中靈活應變，其目的就是將本門方法訓練出來的內勁發到對方身上，給對方造成傷害。

所以練武必須明白，套路也好，其他訓練方法也罷，訓練目的就是要訓練並拓展人體的攻擊力、反應力、速度和技巧。而健身養生是訓練過程中的副產品。明明白白練拳，才能事半功倍。

──── （二）────
內勁究竟是什麼

武俠小說中常認為內勁是身體裏的某種氣體，故稱之為內氣。隨著人的意念運動，內氣可以產生強大的攻擊力。後來又有人把這種氣歸納為一種能量。這種能量由不斷積累、淬煉、調用，越練越多。如此種種，不勝枚舉。

實際遠非如此。

其實對於內勁，很多武術大家都有過描述。

孫祿堂在《形意拳學》裏說：「所謂虛無一氣者，乃天地之根，陰陽之宗，萬物之祖，即金丹是也，亦即形意拳中之內勁也。世人不知形意拳中之內勁為何物，皆於一身有形有象處猜量，或以為心中努力，或以為腹內運氣，如此等類不勝枚舉，皆是拋磚弄瓦，以假混真，故練拳者如牛毛，成道者如麟角，學者不可不深察也。以後演習操練，萬法皆出於三體式，此式乃入道之門，形意拳中之總機關也。」

也有老前輩感歎：「習拳有好言氣者，動輒說周天，悟氣感，自尋苦惱，漸落虛幻不實之境。卻鮮有人讀經脈之說，真求其解，每思之，良可歎耳。站樁習拳苟能真鬆者，不言氣者多，而專一言氣者少，是日日站樁而不妄想者得，自視聰慧而搬運氣息者無所得。」

「虛無一氣」在形意拳的拳譜、拳訣中一直沿用：劈拳，一氣之起落也；崩拳，一氣之伸縮也；鑽拳，一氣之

曲曲流形，無微不至也；炮拳，一氣之開合也；橫拳，一氣之團聚也。

這個「一氣」如果理解正確了，就會明白形意拳的內勁和五行拳勁；如果理解不了或理解錯了，那麼失之毫釐，謬以千里。這裏的「一氣」是一個詞，並不能拆開理解成「一種氣」。

五行拳裏的「一氣」指的就是「虛無一氣」。而「虛無一氣」要從古人留下的口訣裏去理解：「道自虛無生一氣，便從一氣產陰陽，陰陽相合生三體，三體重生萬物張。」

武道從無到有的關鍵便是身法要領，所以身法要領是合於道的。道生「虛無一氣」，這個「虛無一氣」便是從身法要領練出來的，那身法要領練出來什麼呢？答案很明顯——整勁！

（三）

氣究竟是什麼

　　武術當中的氣可謂無處不在。很多師父在教徒弟的第一天就告訴徒弟要氣沉丹田。作為徒弟，因為剛接觸武術，自然會有疑問——什麼是氣？氣又怎麼沉在丹田？

　　道家煉丹也需煉氣，很多內家功法都講氣，硬氣功也講究煉氣、用氣，但這個道家煉丹的氣和氣沉丹田、硬氣功的氣是否一樣呢？

　　這些年與很多同道交流，我發現，很多人不管自己練到沒練到，總是對「氣」大談特談，而且凡遇到不能解釋的、不知道的，就往「氣」上靠、用「氣」來解釋。奇怪的是，貌似很多同道都特別願意接受用「氣」來解釋的答案，儘管他們的身體根本沒有實證出氣來。

　　這種對氣的濫用反倒啟發了我——氣在不同的地方代表的東西並不一樣。古人描述能力有限，對於模稜兩可的事物也許與今人一樣，喜歡用氣來代表。代表的東西多了，就越來越難以區分，因此，很有可能出現此氣非彼氣的情況。所以要想理解拳譜裏的氣，就必須還原創作拳譜的作者當時的客觀環境，從他體悟到的感覺入手，方能理解其寫出來的文字所表達的真正意思。

　　古人的表達方式與今人不同，又因為每個人的認知水準不一樣，自然會導致不同的理解，但是，拳練對了，人的體悟卻是一致的。比如，「含胸拔背」是太極拳的叫

法，在形意拳裏稱作「胸圓」和「背圓」，是形意拳三圓當中的兩圓。描述雖然不同，但體悟到的感覺是一樣的。

在這裏，我也試圖用這種方法來理解古人說的氣，用現代人能懂的知識與古人的描述做個對接，方便大家理解。對於氣，最初的時候，我也很困惑。

記得當時某雜誌上有一篇文章，好像叫《混元金剛護體功》，宣稱每天練十分鐘，三天可「得氣」；十天下丹田可成剛柔相濟之「混元氣團」；三十天運氣護體，全身抗打；百日氣通周天，以氣發力。當時我讀初中，在放暑假之前就計畫趁著放假抽出三十天時間訓練，開學的時候便神功大成，屆時便可以出戰外國職業拳擊手，為國爭光了。於是我非常刻苦地訓練了一個暑假，遠遠超過三十天。按照書上說的，我以為自己不但「聚氣成團」，而且已經達到氣運全身、「罡氣護體」的境界了，馬上就要天下無敵了。

可是靜下心來仔細想想卻發現，這「罡氣護體」「氣聚丹田」的效果，我自己毫無感覺，與練之前相比也沒感覺到有什麼進步，別說是「聚氣成團」，我連氣是什麼東西都感覺不到。當時只是覺得可能是自己練得不對，後來才發現，這類功法本就是忽悠小孩子的。即便是氣功訓練，也要以正確的身法為基礎。身法不正，氣血不能暢通到理想狀態，脫離了實體「形」的支援，「意守」和「氣」便沒有存在的基礎，又何來的「聚氣成團」呢？

武術一代一代傳承了千百年，這些概念就是這麼傳下來的，所以初中時期我一直堅信氣的存在，而且認為這肯

定是一種能量，不但能像氣體一樣在體內流動，還能用到身體外面傷人於無形，姑且稱之為「能量流」。當與別人交流，得知別人也這麼認為的時候，我就像找到了證據一樣非常開心。其實兩個人不一定對，有可能都錯了，但是由於符合了自己的心理預期，便莫名地認可，這也就是如今社會上偽武術存在的原因。中國的道文化的影響根深蒂固，與之相近的玄學也就為人們所樂於接受。一個人想宣傳自己，利用這些大眾心理和偏好，效果往往驚人。

畢竟有道文化和武俠文化做基礎，如果營造一些符合大眾心理預期的神秘感，再加上基礎練法帶來一定的健身效果，那麼吸引力就會倍增。而大眾往往看到這些初步的效果，就盲目相信複雜的附會內容。

而關於當時我自己認為的氣是「能量流」的觀點，現在想來，也是錯的。我們都知道，凡是發力，必產生與作用力相等的反作用力。步槍發射出子彈，後座力很大，這個後座力就是發射子彈的反作用力。

如果內氣可以外放產生力量來攻擊對手，那麼第一個問題是內氣是怎麼產生或者轉化成力量的？如果這個力量從自己身上發出，那麼反作用力由什麼部位來承受？承受這個反作用力的地方，我們叫作「勁源」或者「根」。如果氣能脫離人體而獨立承受反作用力，那麼氣作為一種能量以產生力量是有可能的。如果不能，那氣是一種「能量流」的想法是沒有依據的。

所以，學武術一定要知行合一。讀萬卷書，還需行萬里路。從腦子想明白到身體體悟到，相差何止十萬八千

里。何況腦子想明白的大多是脫離體悟的空想，是假的理解，不是真知。當然，我不是否定合理的主觀能動性。正確的讀書、理解是汲取前人經驗、引導自己悟拳的必經之路。我否定的是好高騖遠的空想。因為這種空想脫離了實修的方法。有句話叫「不遇真師莫強猜」，強猜只是空耗心力，於修煉無益。中國文化裏有「中庸」的思想，即任何事都需要辯證看待，都需要適度而行。做不到位，效果不好；做過了，過猶不及。個中真意，非實證無以體會，只可意會不可言傳。所以讀萬卷書不如行萬里路，行萬里路不如明師引路！

1. 少林拳裏的氣

天下武功出少林，少林拳裏的氣如何理解？現如今少林寺武術比較出名的是硬氣功，硬氣功如何練氣和運氣，本人沒有修煉過，不敢妄言，不知道不等於不存在，所以先略過不談。下面我嘗試從古人體悟的角度來說說武術當中常講的氣。

先研究一下氣沉丹田。

《少林拳譜》有言：「紮馬步，而後能氣沉丹田，則強如不倒之翁，雖有大力推挽，亦不為之所動。」

正如本章一開始提到的，往往徒弟第一天練武術，師父就會告訴他要氣沉丹田。在武術傳承中師父是絕對權威，徒弟即使不懂也不敢亂問。大部分人似懂非懂，在練習過程中不會刻意琢磨字句、推敲字眼，也正是因為體悟在先，歪打正著，傳承了武術。但也是因為如此，很少有

人說得清楚概念，導致後人誤解、濫用，乃至盲目談氣，以訛傳訛。

現在我們來分析一下《少林拳譜》上的這句話，我們先從目的來分析。這句話的意思是，氣沉丹田之後產生的直接效用就像不倒翁一樣，別人推不倒。然後，我們倒推：別人推不倒與氣沉丹田有什麼關係？氣沉丹田之所以能產生別人推不倒的效用，就是能讓人像不倒翁一樣。不倒翁是因為它下身重、上身輕才推不倒。

那麼氣沉丹田為什麼能讓人下身重呢？如果氣是一種能量，那這種能量有重量嗎？是氣本身的重量沉到丹田以後產生了這種下身沉、上身輕的效果嗎？再者，既然名曰氣沉丹田，那說明氣原本不在丹田，而在丹田的上方，那麼在沉到丹田之前，氣在哪裏呢？人又如何感知到氣的存在，用什麼方法來引導氣沉入丹田呢？

我沒見過有練出氣的人，所以無從得知。至於身體上的熱脹麻涼等種種「氣感」，不過是氣血微調產生的正常現象，自然也不能證明什麼。

《少林拳譜》中說先紮馬步，然後能氣沉丹田。我們就從這個馬步開始，體悟一下氣沉丹田，進而探討古人描述的氣是什麼。

當我們紮個馬步，穩定好身形的時候，最直觀的感受就是穩當，穩當的原因是重心降低了。就人的身體而言，重心在腹部中間，上半身的重力靠居於腹部的重心點承受，然後再由腰傳遞給下肢。做標準的馬步時尾椎自然前靠，腰椎就變直了。這樣就形成了一個非常好的重力傳導

結構，上半身的重力經由腹部重心點傳導到腿上。如此一來，下身穩固而沉重，上身輕靈，是不是就像不倒翁一樣下面重而上面輕了呢？

我們在馬步紮穩、做到類似不倒翁的下重上輕後想一下，我們體會到了氣嗎？顯然沒有。我們體會到的是重心和重力。腹部重心點是不是與丹田的位置重合？我們體會到的不是氣沉丹田，而是重心放到丹田！如果你是古人，還不知道地球引力，人體有重心的時候，你會怎麼描述重心下降的體會？我想在古代，用氣來描述應該是最好的方法了。而今人不假思索，想當然地用現在的知識來理解古人的話，把氣當作氣體或者想像成能量等，穿鑿附會，故作神秘，真可謂謬以千里！

我再試著用重心解釋一下上文用氣解釋不了的問題：在重心下降之前，重心在哪裏？在用「虛領頂勁」和「含胸拔背」來修正身法之前，人的頭部重力由頸椎承擔，所以在人體脊柱的上端會有一個向後突出（彎曲）的弧度。有的人身法調整不當，胸部以上的身體重力都壓到胸腔上，重心點在膻中穴對應的身體內部的中心點（很多人習慣稱這個部位為「中丹田」），於是感覺胸中「塊壘難消」。當紮好馬步的時候，由「含胸拔背」成功地把胸部要承擔的重力經由力學結構重塑，傳導給了腹部重心點，也就是上文印證過的丹田。由身法調整，這個承擔重力的重心從胸部轉移到腹部的過程，也就是從中丹田降到下丹田的過程，用現代科學知識解釋就是重心下降到丹田，用《少林拳譜》的說法就叫「氣沉丹田」，用道家五行理論

解釋就叫「降心火」。

其實這也可以從生理角度得到印證，因為無論是道家還是武術，無論用哪種語言描述，體悟的感覺是一樣的。我們都知道，心臟的跳動產生壓力，將血液輸送到全身各處。如果重力壓在心臟上，即便是很輕微的、人早已經習慣了的，時間久了，心臟的功能也會受影響。如果人生氣了、有心事了，或者身法不正，身體其他地方的氣血不如原來通暢了，必然會對心臟產生一定影響。

比如胸部以上的重力都壓在了中丹田，不能順利傳導下去，必然會對心臟產生壓力，人的直接體會就是「心裏堵個大疙瘩」。調整好身法以後，「含胸拔背」做到位了，重力轉移到下丹田，胸部沒壓力了，心臟的功能可以更好地發揮，氣血輸送得就會更順暢，所以感覺到「胸中空空洞洞，腹部沉沉甸甸」。

2. 形意拳裏的氣

李洛能祖師所遺拳譜之呼吸合道部分載：「夫人以氣為本，以心為根，以息為元，以腎為蒂，天地相去八萬四千里，人之心腎相離八寸四分，一呼百脈皆開，一吸百脈皆閉，天地化工流行，亦不出乎呼吸二字。且呼吸之法，分有三節道理：初節道理，乃是色身上事，即練拳術之準繩，呼吸任其自然，有形於外，謂之調息，亦謂練精化氣之功夫；二節道理，謂之身法上事，呼吸有形於內，注意丹田，謂之息調，亦謂之練氣化神之功夫；三節道理，乃是心腎相交之內呼吸，無形無象，綿綿若存，似

有非有，無聲無臭，謂之胎息，也就是化神還虛之功夫。呼吸有三節道理，拳術有三步功夫，謂之明勁、暗勁、化勁是也。明勁者，拳內之法，伸縮開合之勢，有形於外；暗勁者，動轉神速，動則變，變則化，變化神奇，有形於內；化勁者，無形無象之手法，不見而章，不動而變之神化也。此三步功夫是練拳術之根本實際之道也，謂之練術合道之真訣，知此道理，可謂之性命雙修也。」

李洛能祖師的這段話開篇就講氣，但是文中也說「不出乎呼吸二字」！也就是說這裏的氣指呼吸產生的氣體和由呼吸融合到身體裏的氣體。需要注意的是，這裏的氣並非我們通常理解的可以發外氣傷人於無形的「能量流」。

郭雲深前輩論拳：「形意拳術之道無他，神氣二者而已。丹道始終全仗呼吸。起初大小周天，以及還虛之功者，皆是呼吸之變化。而拳術之道亦然，惟有鍛鍊形體與筋骨之功。丹道是靜中求動、動極而復靜也；拳術是動中求靜，靜恒而復動也。其初練之似異，以至還虛則同。形意拳經云：『固靈根而動心者，敵將也；養靈根而靜心者，修道也。』所以形意拳之道，即丹道之學也。丹道有三易：煉精化氣、煉氣化神、煉神還虛；拳術亦有三易：易骨、易筋、洗髓。三易即拳中明勁、暗勁、化勁也。練至『拳無拳，意無意，無意之中是真意』，亦與丹道練虛合道相合也。丹道有最初還虛之功，以至虛極靜篤之時，下元真陽發動，即速迴光返照。凝神入氣穴，息息歸根。神氣未交之時，存神用息，綿綿若存，意茲在茲，此武火之謂也。至神氣已交，又當忘息，以致採取歸爐、封固停

息、沐浴起火、進退升降歸根。俟動而復煉，煉至不動，為限數足滿止火，謂之坎離交媾。此為小周天。以至大周天之功夫，無非自無而生有，由微而至著，由小而至大，由虛而積累，皆呼吸火候之變化。文武剛柔，隨時消息，此皆是順中用逆，逆中行順，用其無過不及、中和之道也。此不過略言丹道之概耳。丹道與拳術並行不悖，故形意拳術，非粗率之武藝。余恐後來練形意拳術之人，只用其後天血氣之力，不知有先天真陽之氣，故發明形意拳術之道，只此神氣二者而已。故此先言丹道之大概，後再論拳術之詳情。」

以上郭雲深前輩論述的大意是形意拳是可以入道的拳法，與道士修道有異曲同工之妙。不同的是，丹道由呼吸來訓練，變化為周天，還虛從而入道。形意拳由形體和筋骨之力訓練入道。形意拳術之道的重點是「神氣」。談到「神」就會提到「凝神入氣穴」「存身用息」，那麼前者怎麼理解？現在大家常用一個詞「意注丹田」。這個「意」就是「意念」。意念是注意力，不是想像。實操的做法是把注意力放到丹田，靜下心來關注、體會乃至「觀想」丹田。這裏的「神」應該是「注意力」。當時沒有這個辭彙，所以前輩就用「神」這個字來描繪。

當然，字在不同的語言環境下有不同的含義，在這裏，「神」表達的是「注意力」，換到另一句話裏也許就是其他含義了，所以今天我們想讀懂過去的拳譜，與前輩們「交流」，就要切忌死讀書、鑽牛角尖。用心體會前輩們想表達的意思才是正途。

至於郭雲深前輩提到的「先天真陽」和「氣」，從上面這段文字來看，是指注意力和呼吸。從力的角度講，形意拳鍛鍊的「神」和「氣」，指的是「先天真陽之力」和「後天血氣之力」。「先天真陽之力」指的是訓練得來的筋骨結構力，而「後天血氣之力」指的就是我們能夠理解的肌肉力量。對於氣，前輩已經有過解釋，這裏的氣指的是後天血氣。需要注意的是，這個氣並非一開始我理解的是一種「能量流」。

郭雲深前輩的論述所表達的是形意拳是由對形體和筋骨的訓練，讓「注意力」和「血氣」融合而最終入道的一系列方法。

很多人站樁或者打拳，身上出現熱、脹、麻、涼、蟻行等感覺，便認為這就是「得氣」了，出現肌肉跳動、抽筋的現象便認為是「自發功」，其實這是練功的過程中氣血微調產生的自然反應。熱是氣血運行加快的表現；脹是氣血充盈，微循環加快的表現；涼是寒氣外放的表現；麻一般是局部氣血不暢的表現。出現肌肉跳動感、抽筋或竄動現象、蟲爬蟻行、練功中骨節響或陽舉等這些功感，總的來說都是氣血微調產生的各種反應，絕對不是什麼「通周天」「練出氣來」的證明。

（四）
樁功究竟練什麼

關於樁功，眾說紛紜。大家對樁功最普遍的認識便是馬步樁。鍾情於練現代技擊的人把馬步樁批評得一無是處，這是因為沒有正確認識馬步樁的作用和目的。

馬步樁作為南拳中重要的樁功，是用來鍛鍊下肢力量的。南拳講究身法沉穩，馬步沉穩有助於南拳更好地發揮技擊威力。這種鍛鍊方法自然不適合現代技擊。

樁功是一種練習方法，並不是只有馬步樁。顧名思義，樁功就是像木樁一樣靜立不動的修煉方法。至於以什麼姿勢靜立，則各門派有不同的講究。有的人說太極拳沒有樁功，有的人說太極拳處處是樁功；有的人說入門先練三年樁，有的人說站樁都站「死」了。傅鍾文練的太極拳沒有樁功，大成拳修煉體系又完全是樁功，沒有套路和其他方法。到底應該怎麼看待樁功呢？

其實，樁功只是一種修煉的方法，與套路具有相似的作用，可以健身、養生，可以練出內勁，甚至可以練出很強的攻擊力。

好動的人難以從樁功中修煉出內勁，而愛靜的人又懶於勤練套路，所以好靜的人宜從樁功入手，好動的人宜從套路入手。一個是靜中求動，一個是動中求靜，最終殊途同歸，在不同的道路和方法上求得一樣的內勁修為。

接下來我談談樁功練的到底是什麼能力。

1. 身法要領

練過內家拳的人都知道，內家拳講究身法，這個身法和武俠小說裏的身法不一樣。小說裏的身法類似輕功，是一種身體的運行軌跡，而現實中的內家拳身法指的是人體各個關節的姿勢要點，詳細解釋就是在內家拳修煉內勁和發出內勁時身體各部位的相對動作要領。比如虛領頂勁、下頜微收、含胸拔背、尾閭中正等。

這些身法要領是產生和運用內勁的必要條件。為什麼過去練武術的人看起來身體瘦弱，卻能戰勝人高馬大的對手，這就是運用內勁的原因。

真實的內勁不是小說裏那種可以流動的能量。顧名思義，內勁就是身體內部的勁。這個內部是指人體內部，勁指的是筋骨之力和傳到地面的反作用力。

內勁的修煉，首先需要身體各關節做到符合一定的要領，使力量順達，從腳底傳送到手上，繼而作用到對手身上。可以說身法要領是產生和運用內勁的必要條件，只有掌握了這些要領，才能產生內勁。換掉自己原來習慣的用力方式，這就是武術圈內講的換勁和得勁。一個練武術的人能做到換勁和得勁才算是入門。否則，無論會多少套路、練多少年套路都不能算是內行。

而要學會這些身法要領，一般來說有兩個途徑：一個是練套路，另一個是站樁。在樁功沒有普及之前，各門武術都是以套路來掌握這些要領的，在不斷重複訓練一個動作或者套路的過程中，師父不厭其煩地一次次糾正動作，

而這些身法要領就在這平常的動作或套路訓練中得以自然掌握。一旦掌握了這些要領，內勁也就逐漸產生並增強。而樁功訓練更直接，站著不動，專心體會身體各部位的要領，體會師父糾正動作和錯誤動作的不同感覺，從而逐漸掌握要領。

與套路相比，在掌握身法要領方面，站樁要比套路更容易。但是兩個方法都不那麼簡單，套路是要注意的東西太多，承載的東西太多，沒有專項訓練，所以身法要領掌握得慢。樁功雖然是對身法要領的專項訓練，但是由於身體安靜了，內心的雜念也就多了，習練者容易在定型和換勁的過程中喪失信心，放棄訓練。

2. 發力結構

練習武術的核心目的是練出一般人沒有的內勁，並且運用一定的方法把這個內勁發到對手身上。各門派講究的發力方法不一樣，比如太極拳講究捨遠求近、沾衣發勁，而通背拳則是放長擊遠，形意拳講究硬打硬進，而八卦掌講究外門搶攻。但內家拳法都講究整體勁。各家描述整體勁的詞語不一樣，太極拳叫掤勁，形意拳叫整勁。

發出整勁的必要條件就是形成一種發力結構，這是一種身體各關節做到要領正確、高度協調的結構，一旦掌握，即可正確發出內勁。

這個發力的結構就是通常講的「合勁」。身上能合住勁才能形成整勁，從而產生擊人於丈外的效果。練過的人都有體會，在沒練出合勁以前，用手與人互推，最多能把

人推得慢慢往後移，但是練出整勁以後，一旦發力，可以像扔東西一樣把人直接扔出去。整勁大，可將對手發放得遠，發放得脆。發放和普通推揉區別很大。站樁可以很快訓練出這種結構，使人合住勁、練出整勁。

3. 鍛鍊筋骨

傳統武術一直講鍛鍊筋骨，卻不曾講過要鍛鍊肌肉。所謂「筋長一寸，力大百斤」。可見鍛鍊筋骨的重要性。站樁時人就這麼站著不動，筋骨怎麼能得到鍛鍊呢？除了無極樁（培養元氣為主，不注重鍛鍊筋骨）以外，其他樁功都可以做到。

比如混元樁是各家武術訓練體系內常見的樁功，姿勢可能有些區別，但是基本上都是一樣的：雙腳分開與肩同寬，雙臂胸前環抱如抱球狀。沒練過的人可能認為這麼抬起手臂來不動，站半個小時、一小時太容易了。可是真到實際訓練的時候，站十分鐘都難，手臂會又酸又累，心裏又備受煎熬，尤其是大臂最累。

剛開始，大臂大面積酸疼，尤其是肱二頭肌。這是因為當手臂平舉在胸前環抱時，整個手臂的重力都傳遞給肱二頭肌來承受。剛開始練武術的人還沒有換勁，靠肌肉來用力，所以這個時候大面積酸疼的是肌肉。

在師父的指點下，站樁的時候慢慢放鬆肌肉，這時候手臂的重力會轉移給筋骨來承受。當肌肉放鬆、不承擔手臂重力的時候，筋骨就發揮了重要作用，會覺得大臂的筋隱隱作痛，甚至連樁架都不能堅持站。這個時候就是樁功

鍛鍊筋骨的時候。

在肌肉逐漸放鬆的過程中，筋骨也逐漸強壯起來，筋骨強壯了，那麼內勁也就在無形中增長了。所以，椿功是可以很好地鍛鍊肌肉放鬆和筋骨力量的。

4. 借假修真

這是在椿功練習百天定型以後才可以開始修煉的功法。借假修真，顧名思義，就是透過假的、虛無的東西來修煉出真實的效果。在武術上，通常以意念來達到借假修真的效果。

椿功的基本要點做到了，結構也搭起來了，接下來想修煉什麼內容都可以，這也是各派椿功要求不一樣的地方。有的用椿功來採氣煉氣，有的用椿功來增加掤勁。有的意想雙手直入宇宙，採集天地靈氣、日月精華；有的意想雙手環抱宇宙，增強修煉效果。

八極拳的兩儀椿口訣就有「背靠青山，懷抱宇宙」之說。誠然這個口訣是對椿功身法要領的形象描述，但是如果在這裏加入意想，訓練的效果可能不一樣。

意念可以以一念代萬念，平息心中雜念，也可以由意念導引自身氣血，這是經過無數前輩實踐證明的，毋庸置疑。

椿功就像是蓋房子，結構搭起來了，房子就有基礎了，至於練什麼就看自己的了。但是，沒有哪個人能沒有師父指點就能自學成功的。

過去的師父需要言傳身教，因人而異地創造各種條件

讓徒弟領悟，其中的辛苦不言而喻。否則怎麼會有師徒如父子的說法呢？也正是這種教徒弟不容易，才導致師父不願輕易收徒。中國武術因為有幾千年的文化積澱，很多修煉要點都講究「只可意會不可言傳」，不是不願意說，而是說不出來，因為其原理和體會很難用語言來描述，更不是學幾個動作、套路就能成功的。

因此，沒有良師，別練內家拳，不但練不出功夫，而且連健身的效果也達不到。很多人都因為聽說練太極拳傷膝蓋、練太極拳太耗神而憂心忡忡地問我太極拳能不能練。

──（五）──
「樁」的迷思

1.「鬆樁」和「緊樁」

　　武術在本質上都一樣，要解決的問題是力量和技巧。但由於個人條件和思維不一樣，便演變出成百上千種派別，每一種派別都是一套完整的訓練體系。

　　前文說過，內家拳的力量實際上源自筋骨，為了區別肌肉力量，我們稱之為內勁。如何練內勁，方法很多，但是最快速、最簡單的法門是站樁。站樁需要從肌肉和筋骨的訓練入手，而在訓練過程中體現出來的感覺有很多種描述，下文要闡述的「鬆緊」「死活」「動靜」等都是在這個基礎上衍生出來的。

　　以下給大家分析各種樁功名稱的由來，以避免大家被這些外在表象及描述蒙蔽。若執著於這些表象，就會失去追求本質之心，思想上的捨本逐末就會導致效果上的南轅北轍。內家拳的樁功是無數細節構成的一個整體，一個細節錯了，則整體不可得，正所謂「差之毫釐，謬以千里」。花無重開日，人無再少年，時間和精力比金錢更寶貴。

　　所謂「鬆緊」「死活」「動靜」，僅僅是不同的練習者在特定的環境下依據自己對樁功的認知而產生的不同語言描述而已。

從鬆緊角度說樁功的，一定是親自練過、有體悟的。站樁時的體感就是鬆和緊。有人說先站鬆樁，再站緊樁；或者先站緊樁，再站鬆樁。這兩種說法都是真實的。但是如果你認可了這兩種說法，那就錯了。這兩種說法是有前提條件、有特定的認知環境的。表達自己的感覺沒錯，但是按字面理解就一定是錯的。傳統功夫就是這麼奇妙，用文字難以精確描述。正向講，全對；逆向學，全錯——以至於邏輯思維能力不強的人都理解不了。表面上看處處矛盾，從根上理解卻能瞬間釋然！

其實這兩種說法所表達的意思是鬆，是肌肉不用力，而按字面理解為周身不用力；緊是筋骨撐開，而按字面理解為周身緊張。

鬆開的東西和緊張的東西不是同一個，而人們往往按字面理解，想當然地認為二者同一。

站樁求勁，應緊中有鬆，鬆中有緊。鬆在肌肉，緊在筋骨，所謂「骨升肉降」，所謂「骨肉分離」，所謂「骨滑肉脫」，說的都是一回事。

至於到底是先鬆後緊，還是先緊後鬆，這是由不同訓練過程中的側重點不同所決定的。鬆和緊是陰陽，是哲學範疇中對立統一的兩個方面，是同時存在的，切不可將鬆緊當成兩個訓練階段，先求鬆，後求緊。「獨陰不長，孤陽不生」，陰陽兩個方面缺一不可。有緊才會有鬆，有鬆才會有緊，站樁的時候鬆和緊是同時存在的，當你只求鬆或者只求緊的時候，其實已經沒有鬆緊了。

2.「活椿」和「死椿」

站椿時之所以要站著不動，是因為在不動的情況下體會身法要領比較容易。試想，在練套路的過程中，即便是比較慢的太極拳，在練那麼多個動作時，你的注意力能專注於身法要領嗎？動作是否標準，如何邁步，如何轉換重心，手如何出、如何收，什麼時候轉化，攻防意義如何，更有甚者要練意念，以意領氣，需要注意的東西這麼多，還能注意到身法要領嗎？

連太極拳都這樣，像長拳等速度快的拳法更難有機會重視身法了，最後只能靠笨辦法：「拳打千遍，身法自見」！因此，從古到今，練拳者多如牛毛，得勁者鳳毛麟角。

既然在運動過程中難以練出身法，那練身法要領最快、最好的方法就是站椿。少林的馬步椿等椿功與內家拳的椿功不一樣。馬步椿這類外家拳的椿功在外家拳的體系裏非常重要，但其主要的目的是求得腿部力量，而內家拳是要求修正身法、換勁以及練整勁的效果。

當你站著不動的時候，因為沒有其他東西分散你的注意力，你便可以專心不斷調整身法，從而達到定型，也就是現代運動學上稱為「動力定型」的效果。具備了身法，再練套路，套路的難度降低了，效果增加了，練出勁法就容易得多了。

與套路、單操相比，椿功也是一種練法，只是站著不動而已，但是訓練強度沒有減少，甚至還會增加。在外行

人看來，站著不動的東西一定是「死」的，與單操和套路相比，這個東西就是「死樁」了。相對於「死樁」，那麼運動起來的練法就是「活樁」了。要理解「死樁」和「活樁」這兩個概念，我設置一個場景，大家一看就懂了。

郭雲深前輩非常重視站樁，這在《能說形意拳經》裏有所體現。形意拳重視三體式站樁，大概是從這裏開始的。站樁被認可，功勞在王薌齋。王薌齋把樁功抬高到了至尊的地位，並普及開來。

人們發現，站樁的效果確實要比練動作好得多，因此樁功的美名得以廣泛傳播。在這個前提下，我設置的場景就應運而生了，我們以太極拳訓練為例。

學太極拳的徒弟聽到別人都說樁功好，便回去問師父：「師父，外面很多人都說站樁非常好，站樁真的好嗎？我們有樁功嗎？」

因為此時太極拳的訓練體系裏沒有樁功，師父於是便按照自己的理解回答：「樁功沒什麼。站著不動去練，練死了，是『死樁』。我們太極拳的每一式都可以當樁練，我們練的是『活樁』。」

看完這個小場景，大家就明白了：所謂的「死樁」是不懂樁功的師父們對樁功的妄論；而所謂的「活樁」，卻是懂太極拳的師父們對太極拳訓練的真言。

「死樁」雖然產生於妄論，但是現在引申為如果沒掌握樁功要領，只是木然地站著，失去了核心的身法要領，空有其形，那麼就叫作「死站樁」「站死樁」。

「活樁」指的是在運動當中具備樁功的效果，所以又

叫「行樁」「走樁」。太極拳的招式確實有樁功的效果，不過不容易練到，道理前面說過了，此處不再贅述。

以上就是「死樁」和「活樁」的由來。

3.「動樁」和「靜樁」

「動樁」「靜樁」與「活樁」「死樁」類似，前者是懂樁的師父們總結的，後者是不懂樁的師父們總結的。

樁的外形是身體靜止不動，而內在的核心是身法要領。反過來說，只要掌握了身法要領，那麼動起來就會有樁的效果，可稱之為「樁」，所以真正懂樁的人把這兩種樁的形態叫作「靜樁」和「動樁」。

那麼，動樁好還是靜樁好？從難易程度上來說，靜樁相對比較容易，而動樁相對難一些。目標同樣是掌握身法要領，站著不動肯定比動起來容易做到，但是動樁除了身法要領還能訓練別的東西。比如形意拳單操五行拳動起來要帶著拳勁，而且要在身法定型的基礎上帶著拳勁練。走一趟單操，也就是動樁，身法要領和拳勁就都練了，而靜樁就只能練出身法要領來。

既然靜樁和動樁有這樣的區別和功效，那麼練習者自身的條件就成為決定因素。

如果練習者剛練武術，身上的協調性比較差，這就比較適合靜樁，從簡單一點的方法入手、從要求少一點的樁法入手反而容易入門，很快出效果。

如果練習者已經訓練多年，身法掌握得較好，則練動樁效果更好，既鞏固身法，又練習拳勁，一舉兩得。

　　武術沒有統一的標準，各拳種雖然訓練目的相同，但是由於每個人的身體條件、思想悟性不同，採用的方法也就有所差異。即便是對同一種東西，不同思維偏好的人，描述也不盡相同。

　　在此，僅以「鬆樁」和「緊樁」、「活樁」和「死樁」、「動樁」和「靜樁」為例做簡單說明。作為初學者，如果不瞭解創造術語的語言環境、不明白語言背後的真實意義，僅從字面去理解，則會越理解越複雜、越想弄明白卻越弄不明白，而任何一個理解誤區都會把思路引向錯誤的地方，有百害而無一利！

（六）
真正的「開胯」是什麼

　　自習武以來，我從沒聽過「開胯」這個術語，即便是古傳拳譜，也未有相關描述。

　　借著互聯網自媒體的東風，各種水準的自媒體人把自己的個別理解瞬間放大了無數倍。如果傳播的是正確的理解和觀念，這是善舉，是值得敬佩和支持的。

　　可惜的是，所有的武術術語都是高度凝練的，是忽略了前提條件、應用主體以及特定環境的一個有代表性的「點睛」辭彙。如果僅僅依照文字去理解，或者依照自己接受的十幾年現代教育去理解，往往會理解錯。

　　遺憾的是，或者是因為解釋起來非常困難、非常費口舌，或者是因為商業需要，各位「開胯」術語的發起者只傳「其然」，不傳「其所以然」。

　　「開胯」這個術語一夜之間傳遍大江南北，不管懂不懂拳、有沒有體悟，看著別人站樁打拳，都會說一句：「好像你胯沒開！」更有甚者，看到不認識的前輩的照片也敢說：「這人胯沒開！」

　　當這種認識不斷傳播開來，真不知讓人該笑還是該哭。誤導人，「開胯」兩個字就足夠！可是要將人導向正確的理解途徑，數千字也未必能說明白，所耗費的精力又何止數千倍，何其難也！更何況，糾錯遠遠比誤導速度慢、範圍小。若不糾正，眼看著成千上萬的人落入思想誤

區，且一去千里，越行越遠，又於心何忍？

可歎自身能力薄弱、影響有限，不能將所有迷途之人引回正途，姑且盡些微薄之力，求個無愧於心吧。這也是我寫本書的初衷。

很多朋友望文生義，以為「開胯」與練舞蹈一樣，是把胯打開。那怎麼把胯打開呢？就琢磨著學一學解剖學，找找胯由哪幾個骨頭組成，成年人的胯骨相對於少年的胯骨是不是閉合住了、角度變小了，因而導致胯骨的活動範圍變小了……經過一番「合理推論」，便煞有介事地教導別人，說「開胯」就是要把胯骨的角度打開、把某個骨縫慢慢打開，以擴大胯骨的活動範圍。

如果照著這個思路去訓練，輕者受損，重者傷殘。而創造這些術語和解釋這些術語的始作俑者卻不承擔任何責任、不受任何損失，甚至可以借此盈利，只苦了廣大愛好武術的習武者們。

事實上，大家耳熟能詳的「開胯」，應該叫「活胯」，針對胯的術語還有「裹胯」「合胯」等。這類術語其實不是單獨存在的，這本是在整個傳統武術訓練體系的中後期練習發力的時候需要掌握的一個技巧而已，在學武初期是接觸不到的。

武術訓練是一個完整而科學的體系，需要從基礎開始，循序漸進。有些人、有些機構出於各種目的，活生生地肢解了原來的完整體系，把發力的部分單獨拿出來，誇大效用以牟利，而實際的訓練效果和學員的成長卻不在考慮範圍之內。

上文說過，「開胯」是在練習發力的階段才會涉及的細節要領，而這個發力是有前提的。各門傳統武術的用力原則不一樣，所以各家武術的發力方式是有區別的。同樣是發力，太極拳要求「鬆活彈抖」，形意拳要求「起鑽落翻」，八極拳要求「挨傍擠靠」。缺失了本門拳法的鋪墊和基本訓練，是沒辦法練習發力的。

拋開了前面所有的條件，直接訓練發力，那練的是哪家拳法的力？這種「四不像」系統練出來的發力，要在哪種環境下應用？是依照太極拳的方法用還是形意拳的方法用？可歎的是這種東西卻符合了許多現代人浮躁和走捷徑的心理，他們錯誤地認為直接練習發力是核心。

片面孤立地理解訓練體系，無異於蓋空中樓閣，其結果必然是浪費金錢和精力。一旦發現自己原來什麼都沒練出來，還要從頭開始，則只有悔恨。

上文說過，「開胯」應該叫「活胯」。「活」的意思是「動」，是相對於不動而言的。也就是說，獲得整勁之後開始練拳勁，此時全身都要動起來，其中有一個比較重要的地方就是胯。胯要正確地動才會上下相隨、力達四梢。而一般人沒經過訓練，不知道胯如何動才能正確地傳導力量。如何讓徒弟學會動胯，每個師父都有自己的本事，或者一點一點扳，或者說明。

其實這個動胯只是全身各處要領的一處，需要各個要領互相配合、共同作用才會有理想的效果。在整體中訓練部分才是正確的訓練方法，單獨強化則費時、費力，並不可取。而誇大這個要領的作用並開發相應的課程則是出於

商業目的。

從不會動胯到會動胯，從沒掌握胯的要領到掌握胯的要領，這是每個練到這個階段的習武者必然經歷的過程，而將這個過程描述出來的時候，依據的是自己的文字功底、語言能力以及思維偏好，描述得比較準確的叫「動胯」「活胯」，即針對原來「不會動的」「死的」「僵的」胯的狀態而言，現在的胯是「會動的」「活的」，形成「動胯」「活胯」這樣的術語，不會誤導人。而另一部分人，則從「活」和「僵」想到了「固定」和「開」，等同於舞蹈的「開胯」，因此誤導了許多習武者。

武術老師應當在教授武術的同時傳播客觀、理性的觀點。武術本合道，「以武載道，教化萬民」，這才是武術之根。也是古時武者受人尊敬的原因。

在傳承方面，所謂「醫不叩門，道不輕傳」，但是刻意斷章取義、胡亂嫁接武學體系，有虧德行，誠不可取。范仲淹言：「先天下之憂而憂，後天下之樂而樂。」真正武者，情懷當如是。

四、太極指南

（一）
隱藏在慢練後面的真相

太極拳都是慢慢地打，所有的老拳師都說打得越慢越好。但是為什麼要慢練，很少有人表述得清楚。

有人認為太極拳慢練，主要是為了練氣；有人認為太極拳慢練，主要是為了修道；還有人認為太極拳慢練快用，將來實戰的時候速度很快。隨著練拳的人越來越多，說法也越來越多。有的人按照自己並不全面的理解來描述，有的人則抬出祖師爺或者前輩的論述來硬套，結果是眾說紛紜，莫衷一是。

要知道太極拳為什麼慢練，首先要明確太極拳訓練的目的。凡是練法，必有目的，只有從訓練目的說起，才能知道為什麼要慢練。

從前無論是用冷兵器作戰，還是當綠林好漢，或者是走鏢護院，武術都是一項非常有用的技能。之所以有用，是因為練武可以獲得超強的實戰能力，而這個實戰能力就是大家練武的目的。

實戰能力可分為兩方面：一個是力量（殺傷力），另一個是技巧。太極拳作為武術的一個門類，其武術屬性決定了它的訓練也要包含這兩方面。

不過太極拳作為武術發展到高級階段所產生的拳種，作為有代表性的內家拳之一，它追求的力量和應用方法顛覆了武術在外家拳階段的認知。

　　在武術發展的早期，武術訓練力量的方法與在健身房的力量訓練差不太多，即把硬功夫、筋骨皮的訓練揉到了一起，用硬練的方法不斷強化攻擊對方的能力，如鐵頭功就用硬物擊打頭部，鐵砂掌就用手指插鐵砂，等等。要攻擊對手，就是把自己強化過的身體部位掄過去，對應的兵器有棒、錘、鐵鞭、鐧，等等。

　　而內家拳是在用力的過程中發現了一套以小打大的方法，像兵法裏的以弱勝強一樣。在兵法產生之前，5000人打1萬人，少有勝算。但是多少著名的戰役都說明了以小打大、以弱勝強是可能的，比方說項羽的破釜沉舟、韓信的背水一戰等。不過這種方法不是誰都可以嘗試的，也不是生搬硬套就可以效仿的。越是高明的方法，其實施的條件就越苛刻，應用起來要注意的細節就越多。

　　不單單是太極拳，所有內家拳的實戰都是兵法思想應用的結果。形意拳硬打硬進的背後有「摽裹鑽翻」，明勁的背後有暗勁支持，而「摽裹鑽翻」的深意是避實擊虛，更不用說太極拳和八卦掌了。將自身的力量集中到一點，恰到好處地攻擊對方的弱點，暗合「集中優勢兵力，各個殲滅敵人」的作戰方法。兵法的很多思想，都生動地闡述了內家拳的思想。

　　太極拳等所有內家拳都是將身體的重力、慣性以及從腳到手指綜合形成一個整體，然後再匹配相應的應用技巧。太極拳的應用技巧是在沾連黏隨、引進落空的基礎上發展而來的。

　　我們借用大禹治水的思路來理解太極拳的應用：把對

方的力量比喻成洪水，如果像舜一樣用圍追堵截的方法來硬抗，會很費力氣，效果不佳，就像現代搏擊運動一樣，幾分鐘以後雙方都會氣喘如牛；但是如果像大禹治水一樣疏通引導，順勢而為，那就非常省力了，攻擊的距離無形中也縮短了。

從雙手到胸膛的空檔都叫「門裏」，別的拳都不允許對手攻進來，因為一旦攻進來就意味著以胸膛迎敵，人則會因胸骨被打穿而死於非命。而太極拳卻可以把胸膛亮出來，但是亮出來的前提是掌握了「沾連黏隨」。自己的手一旦沾著對方的手就有了引導和控制進攻的能力，可以在對方打到自己之前將之化開，所以即便是胸膛露出來也沒關係。人的手臂長度有限，重心的穩定也受範圍的侷限，只要藉助對方的手臂使對方失去重心，呈現敗勢，自己就勝利了。

另外，太極拳不是一味地轉化。我們都知道，一味地防守則難免有失誤，防守時間越長，失誤的概率就越大。

太極拳的轉化是為了攻擊，利用接手，在一瞬間感知對手力量的強弱、方向和變化，然後捨己從人，順勢而為，引導對手攻打自己的力量，導致對手失了準頭、丟了重心，或者開了空門，而在這個過程當中，我方同時形成了合勁，也就是整體勁，造出一個「得勢」來。此時衝著對方的空門一擊，而這一擊是集合了全身之力，往往可以致命。

上文說過，太極拳的力量是集合了重心、再加慣性使用技巧的整體勁，比簡單掄拳頭的打擊力大得多。除了整

體勁，還有在整體勁基礎上的彈抖勁。《拳論》說：「上下九節勁，節節貫穿。」這「節節貫穿」含有普通掄拳頭沒有的攻擊力。

前文說過，太極拳等內家拳要求的力量與外家拳和現代搏擊的力量不一樣，內家拳的力量是由調整身體內部結構和關節運力技巧而產生的，所以叫「內勁」。

內勁的來源主要是人體的骨頭和大筋，利用關節把人體的骨頭的相對位置重新微調一下就能形成一種結構，這種結構是人體的受力結構，可以把人體的重心和慣性產生的合力經由手腳發揮出來。當拳頭接觸到對方身體的時候，相當於整個身體重力加上產生的慣性都打到對方身上了。筋骨越強壯，攻擊力就越強大，這就是我們日常所說的筋骨力了。

雖然現代搏擊和傳統武術都有蹬地、轉腰、送肩的動作，但是傳統武術的目的在於形成合力，而現代搏擊的目的是求得更快的速度，速度快則攻擊力就強。力學公式是品質 × 速度 = 動量。

在現代搏擊當中，品質相當於拳頭或者腿的品質；而在傳統武術範疇，品質是整個身體的重量，速度是拳頭接觸對方身體時瞬間爆發的速度。哪個更快，哪個品質更大，就一目了然了。當然，能不能打到對方，這是運用技巧的能力問題了，這裏暫時不討論。

分析清楚太極拳的訓練目的就可以探討太極拳為什麼要慢練了。太極拳追求的力量是內勁，內勁是筋骨力，那麼筋骨力怎麼練？捨棄肌肉用力的習慣。對普通人來說，

用肌肉發力是一個根深蒂固的習慣。所有內家拳習練者練拳之初首先要面對的難題就是換勁，即把肌肉用力習慣改成筋骨發力習慣。而這個過程因為與日常生活習慣相左，改起來非常困難，沒有明師指點的話，可能一輩子都改不過來。

現在很多太極拳愛好者練習一段時間套路後，就想嘗試實戰，結果打法其實與太極拳無關，原因就是只會套路動作，不但對太極拳的整個訓練系統不瞭解，更沒經過完整的訓練，連勁都沒換過來，卻想用太極拳的技巧攻擊別人，結果只能是挨揍。

換勁就好像是蒸汽發動機和汽油發動機的區別，原來的肌肉發力習慣是蒸汽發動機，想要發揮更好的能力，就要換成汽油發動機。而這些急於上臺的愛好者，相當於用一套蒸汽發動機驅動原本使用汽油發動機的汽車，這怎麼可能呢？

太極拳的訓練方法主要是盤架子，拳架裏有那麼多招式動作，而內勁又依賴於身體裏各個關節以及發力部位的細微變化，稍有不對，合力就沒有了。要注意這麼多地方，如果練的速度非常快，哪裏顧得過來呢？因此，想求勁，就要把動作放慢，一邊打拳，一邊注意自己的身法要領、身體結構以及換勁的相關要求，之後還要加上技擊要求、內勁走向等內容，著實不容易。

慢練都非常容易顧此失彼，何況是快呢？然而慢練的目的是求勁，一旦目的達到了，快練也無妨。畢竟實戰的目的是打到對手，如果自己的速度太慢，跟不上對手的速

度，就無法達成「沾連黏隨不丟頂，引進落空合即出」。《拳論》有云：「動急則急應，動緩則緩隨。」可見太極拳應用時不是一直都慢的，該快的時候要快，要為打到對手這個目的而服務。

很多人都認為太極拳平時慢吞吞地練，實戰的時候，無論對手如何快打，自己都自顧自地慢打，這是非常大的誤解！太極拳訓練是訓練，應用是應用。就像我們學寫字，要從苦練筆劃開始，要寫好「橫、豎、撇、捺」，而實際用的卻是「字」。

還有一個比較好笑的例子，就是拳擊運動員平時的訓練項目裏有跳繩，但何曾見過哪個拳擊運動員在拳擊比賽中用跳繩來攻擊對手？

太極拳的慢是一種求得內勁的訓練方法，實戰卻不是這樣，平時訓練得來的各種能力在實戰時是「運用之妙，存乎一心」！

（二）
太極拳修煉要領

太極拳是一門優秀的拳種，但是其練法傳承到如今卻逐漸失真。不懂正確的練法，別說是十年，就是五十年也難練出真功夫。練對了，其實不需要十年。「太極十年不出門」之所以流傳是因為過去的師父收徒很謹慎，要對徒弟進行考核。

另外，「教會徒弟餓死師父」，在拿傳授武術當飯吃的年代，師父怎麼會立刻教你核心要領呢？

接下來，我介紹一下在我看來，太極拳應該怎麼練。

第一種思路是對原有練法的改良

一個太極拳套路至少需要學三次才能有所成就，進入推手階段。

第一個階段是學動作，把一套拳的動作招式學會了、記住了、打熟練了，就算達標。在這個階段，跟頂級大師學和自己跟著視頻學、跟剛入門的老師學都沒什麼分別，因為這個階段的目的只是大概學會動作，所以這時候花鉅資找名師學意義不大。

第二個階段是正架，這個時候就必須由懂拳的師父來指點，將你第一遍學會的套路動作一個一個地擺正確，按照正確的門內要求的姿勢做好。

第三個階段是練習內勁，在正架的基礎上，師父會告訴你拳裏的內勁怎麼走、從哪裏產生、經過哪個部位運

化、最後到達哪裏、中間有什麼要點、注意什麼地方。在這個階段，每一個動作的練習週期更長。要練出內勁，這個階段是關鍵。

之後，才能開始推手訓練，繼而訓練實戰。學套路只是掌握一個訓練方法，還不算練功。正架是要修正身法，身法修正了才會有換勁的效果。練內勁即進入太極的明勁（八法勁）階段。

知道了太極拳怎麼練，然後我們估算一下時間。一般一套太極拳有八十幾個式子，加上不計名稱的連接招式，一套拳得有一百來個招式，每一式有若干動作，動作的數量大約為招式的 3 倍。也就是說，太極拳的一個套路包含幾百個動作。要把這幾百個動作學會並練熟，恐怕要超過三個月。平均每天掌握一個動作，練完一套拳需要大約一年的時間。也就是說，經過一年半的辛苦訓練才到了內勁的階段。

第二種思路是對原有訓練方式的革新

在我宣導的訓練體系裏，用兩天時間學一個無極樁、一個混元樁，無極樁修正身法，混元樁可以換勁，練習幾個月，就等同於太極拳練一年半的效果。學幾百個動作，用時一年半，收費兩萬元，大家並不覺得貴，或者能接受，畢竟要一年半時間呢。但是用七天時間教會兩個樁，三個月達到太極拳一年半的訓練效果，如果收費兩萬元大家會覺得太貴了。

正所謂：「醫不叩門，道不輕傳。」保守也是傳統武術在傳承上的無奈之舉。如果真想學習，這本書「內勁修

煉」的部分詳細地介紹了這兩個樁功的練法，你可以依照文中所述練習。

最簡單的東西最關鍵，也是最值錢的。很多人都會有疑問，將這麼寶貴的真東西「賤賣」了，圖什麼呢？

我是這樣想的，如今的社會，武術內勁的實戰意義已經不大了，武術的貢獻更多的是讓練習者從中領悟中國傳統文化以及得到身體上的鍛鍊兩個方面。但是由於內勁的傳承人較少，加上內勁比較抽象，不容易描述明白，導致那麼多喜愛武術的朋友四處求學卻不得其門而入，浪費很多金錢和精力。

基於這樣的情況，我願意做「法佈施」，但願武術真傳可以對大家的健康做出重大貢獻。對於很多喜歡武術，卻又缺少資金的朋友，我願意把相當於一年半學太極拳才能學來的東西以文字的形式傳授，而學費就這本書的價格。

（三）

太極拳為什麼是高級拳種

　　記得剛練太極拳的時候，我的師父就說，太極拳是一種大腦的運動，是高級運動。我當時不太明白，只是覺得老師說的有道理，但道理到底在哪裏，我也是後來才想明白的。

　　萬事萬物都有其發展規律，武術也不例外，遵循著由低級向高級發展的規律。從少林長拳的剛猛練法，到陳式太極拳剛柔相濟的練法，再到楊、吳、孫等太極拳的柔化練法，這是一個由外而內的發展過程。

　　開始時從身體外部訓練入手，打磨筋骨皮，重視身體局部攻擊的效果，而身體裏的勁力走向和方法還沒有注意到。這是一種比較辛苦的練法，練不好易使肢體畸形。

　　練二指禪會使手指又粗又大，異於常人。練鐵砂掌會使手掌粗厚，以致畸形。雖然獲得了超常的攻擊力，但是卻影響了肢體的正常功能，這種練法以古代少林武術為代表。「內練一口氣，外練筋骨皮」，少林武術在對筋骨皮的鍛鍊上投入了主要的精力，這可能與少林禪拳合一的宗旨有關。

　　僧人把吃苦當作修行的一種方法，而少林武術修煉時身體的辛苦正好滿足了這種需求。

　　在內家拳出現後，側重外部訓練的拳術相對應地被稱為外家拳。無論內家拳還是外家拳，在實戰效果上沒有高

下優劣之分，只不過在認識上、練法上有很大區別。

現在公認的說法是陳式太極拳在各派太極拳中出現較早。從各派太極拳高手的演練就能看出來，陳式太極拳螺旋纏繞，動靜相兼，即使不懂武術的人也能發現它是有力量的。陳式太極拳體現了武術由外向內求的轉折。

陳式太極拳的先人發現身體內部能產生巨大的能量，開始注重身體裏邊勁法的修煉和運用，並不只是注重肢體的外部訓練。

雖然在練法上有了革新，但還是能夠看到外家拳的影子，也就是所練的太極拳勁法會在身體外面顯現出來。也正因為如此，楊式太極拳宗師楊露禪當年才有機會留下「偷拳」的美談。

當年教我太極拳的師父說，因為楊宗師有「偷拳」的軼事，所以自己在「防盜」的角度上創造了楊式太極拳，可以說楊式太極拳是「防盜版」的陳式太極拳——即便是有人天天看你練拳，最多只是學會動作，內勁是學不了的。當然這是玩笑，不必當真。不過這也說明了楊式太極拳的特點：練法大鬆大柔。

在陳式太極拳練法上能看出來的螺旋纏繞等勁法，在楊式太極拳套路裏是一點兒也看不出來的，但楊式太極拳的真實威力不可小覷。也正是因為如此，楊式太極拳會形成對門內弟子和門外愛好者分別教拳的規定。在教拳方法上，正式拜師的和沒有拜師的，差異很大。

再到吳、武、孫式太極拳更是練法鬆柔，注重內勁。太極拳發展到這裏已然是非常乃至完全注重身體內部各部

位間的關係，用來實戰的勁力是經由把身體內部的勁路練通而獲得的。所以，太極拳毫無疑問是一種高級拳法，但是也正是因為高級，其訓練方法不易理解，入門易而精通難。太極拳的邏輯思維、認識體系以及訓練體系要比外家拳複雜得多，練有所成也就更困難了。雖然距離實戰比較遠，但是離文化、道比較近，在鍛鍊身體方面的成就也就更高。

王薌齋先生得到郭雲深前輩真傳，學到了武術修煉的最佳方式——站樁，由形意拳發展出意拳的時候。太極拳和意拳等內家拳都是武術發展到高級階段的產物。如果說太極拳注重內勁訓練的體系太繁瑣和複雜的話，那麼意拳就是內勁訓練體系太簡單的拳種，直擊內勁訓練的核心，即找到了訓練內勁的最佳方式——站樁。意拳又名大成拳，我想當初命名為「大成拳」的前輩想表達的意思也是「發展到高級階段的巔峰拳種」。

從武術發展的規律角度看，意拳已經是武術訓練發展到巔峰的代表，因為它找到了訓練內勁最直接的方法，不繁雜。但是樁功只能訓練出實戰需要的力量、發力技巧，訓練不出實戰需要的反應和攻防技巧，意拳摒棄了傳統武術訓練的工具——套路。

傳統武術訓練體系中，實戰需要的反應和技巧都是從套路中訓練出來的。後來意拳在發展過程中為了彌補這一缺憾而創造了單招和健舞。

處於武術發展的高級階段的除了太極拳和意拳，還有形意拳。形意拳從無極開始練出六合整勁，之後分解出

劈、崩、鑽、炮、橫五種拳勁，進而演化出十二形、雜式錘，利用對應的動作練出明勁、暗勁、化勁。

　　形意拳的訓練體系比太極拳簡單，卻又比意拳完整，既沒有複雜的理論，也沒有彎腰屈膝的辛苦，適合真正喜歡武術但還沒有入門的朋友練習。因此，在本書後兩章中，我就以形意拳為例，重點講解傳統武術的修煉步驟和竅要。

───── （四）─────

太極拳和太極操

　　歷史上每一個拳種的創立，從理論到練法、從內勁修煉到實戰檢驗都有完整的體系，而健身是在追求拳勁的道路上產生的副產品，否則不練勁法的太極拳相當於體操，對於健身而言效果甚微。古人云「取其法上得其中，取其法中得其下」，就是這個道理。

　　現在大眾練習太極拳，僅僅是學會了太極拳的套路動作，連鍛鍊身體的效果都不理想，何況是實戰呢？所以當有朋友問我「醫生不建議練太極拳，因為太極拳要求精神高度集中，太費神，是這樣嗎？」「聽說太極拳比較費膝蓋，會把膝蓋練殘，是嗎？」時，我說這都是不瞭解太極拳、不懂太極拳的人說的。這些人對太極拳的認識都是盲人摸象、管中窺豹、以偏概全、捕風捉影。

　　太極拳在訓練中要求全身肌肉放鬆，換成筋骨支撐全身的方式，在緩慢的肢體運動中全身的氣血運行壓力減小，全身舒暢；練拳走架的時候，大腦也是放鬆的，並不是要求精神高度集中。

　　膝蓋出問題是因為有部分練習者沒練對，一味追求低架子，卻忽視了「裹膝圓襠」「力不出尖」的要求，沒有將膝蓋承受的力量傳導到腳底，以致膝蓋承受的力量太大，練壞了。

　　究其原因，不是自己瞎練，而是沒遇到良師，練錯了

也不知道，沒有及時糾正，導致身體出了問題。但凡有良師指導，先修正身法，再求套路，有錯及時糾正，又怎麼會練出問題呢？

現在太極拳風靡世界，卻不由得讓人有些擔憂。練的人越多，能練對的就相對越少；追求勁道的人越少，對太極拳的誤解就越多；琢磨利益的越多，琢磨拳的就越少。所謂「三人成虎」，大多數人都練錯了，那麼練對的人就不一定能受到尊重，其主張就未必能讓眾人接受。要想讓那麼多人重新接受正確的東西，太難了。

（五）
為什麼有人練的是假拳

太極拳既然不是太極操，那應如何練呢？我們先看看太極拳前輩們是怎麼練拳的。

陳式太極拳的訓練遵循套路——推手——單招——實戰的軌跡。

單看這個不覺得有什麼複雜，其實奧秘就在套路裏。從套路裏要練出來下面的內容：

首先是修正身法，只有修正身法才能練出內勁，達到換勁的目的；

其次是丹田內轉和纏絲勁；

再次是八大技法，即四正四隅手——掤捋擠按，採挒肘靠，還有五行——進退盼顧定；

最後要從套路裏練出發勁。

據說一套陳式太極拳能拆出一二百種勁法，關鍵要練出鬆活彈抖勁。簡單的一個太極拳招式中每個動作都要符合這麼多種要求，你現在可以體會到它的複雜程度了吧！

而我們見到那麼多太極拳愛好者，練的僅僅是套路動作而已，真正需要練出來的東西全都沒有，練套路的效果簡直是天差地遠呀！

楊式太極拳授拳分三步：一是拳法，二是用法，三是勁法。

第一步教拳法

楊家傳授拳法內外有別。一般學生，集體練拳，由一位師兄示範帶教，師父端坐觀拳。練完略做講評，算當天練拳完畢。行過叩頭拜師大禮的入室弟子，大師個別傳授，每一個動作都講清要領，反覆糾正。

授拳內容又分養生架和技擊架。楊式技擊架稱為「太極長拳」，吳式技擊架則稱為「太極快拳」。

楊式太極長拳速度快慢相間，動作剛柔相濟，步法走滑步，發勁吐氣出聲。我看過一則資料，說澄甫公在上海教拳時將整套長拳拆開，作為散手傳授給入室弟子。黃景華前輩在澄甫公門下學拳，慢拳、長拳都是拆開架子一招一式反覆苦練。澄甫公親自連貫示範拳架，僅有三次而已。一次打慢拳上半套，一次打慢拳下半套，一次將全套長拳放慢速度打。澄甫公指出，長拳各招式熟練之後可以自由銜接，可長可短。因此，澄甫公所傳太極長拳共60式，董英傑所傳為23式，陳微明所傳為108式。

第二步教用法

需要因材施教，用活招式。

第三步教勁法

弟子正式拜師之後，須經多年考察，拳法基礎紮實、用法熟練、品格高尚者方可傳授其內勁。按楊門規矩，「勁法不傳六耳」，必須閉門單獨傳授。學得勁法之後，不可隨便洩露。所謂勁法，即內勁運用之路線。勁法未能貫通，則所用之勁仍為腰腿勁，並非純正內勁。

楊家素有勁法不得妄傳、妄議之規定，故雅軒前輩眉

批《太極拳體用全書》引起之種種爭論，僅侷限於拳法、用法，尚未涉及勁法。《太極拳體用全書》亦只講拳法、用法，不授勁法。

太極拳的套路承載了傳武修煉的所有程式和要素——換勁、內勁積累、發勁方法、實戰技巧等。只不過，同樣的套路，不懂竅要就什麼都練不出來，相當於練體操了。所以不是太極拳無能，而是絕大多數練習者得不到真傳。練陳式太極拳的不會丹田內轉，練楊式太極拳的不懂勁法和用法。

（六）
太極拳的修煉程式

1. 切換狀態

最好在一個安靜的環境裏練太極拳。太極拳套路長，打拳速度慢，可以讓身體長時間保持練功狀態，借這個過程增長內勁。要讓身體很好地進入練功的狀態，首要的就是環境，其次是情緒平穩，把身體和精神都調整到一種比較安靜放鬆的狀態。

切換狀態，是要把身體和精神從生活狀態切換到練功狀態，初學者切換會比較困難，等到練熟後就可以隨意切換了。而切換的方法最好是無極樁。無極，無形無相，是零，也是內家拳孕育內勁的開始。

2. 修正身法

眾所周知，太極拳修煉講究身法，這幾條身法要領說起來大家都知道：虛領頂勁、含胸拔背、沉肩墜肘、尾閭中正（裹膝護臀）、虛實分清、勞宮吸空、湧泉吸空等。身法是產生內勁的必要條件，必須在開始練套路之前先通過樁功掌握好。套路裏招式繁多，分散注意力的地方太多，一開始就練套路，如果沒有師父在身邊糾錯，根本練不對。身法練不對，就算架子走得再漂亮也沒用，產生不了內勁的太極拳就是太極操。

在練套路前先把身法練好，其途徑就是混元樁。經過無極樁的修煉，身體進入了練功狀態後，可以開始練混元樁了。用混元樁來修正身法要領，把自然生活狀態下的身體調整為太極拳要求的結構。

一般這個週期是一百天（三個月），又叫百日築基，這期間不能離開師父的指導，每日站樁都需要師父不斷糾正、自己用心體悟。過了一百天，樁功的身法要領、太極拳要求的身形結構就算穩定了。這時就可以開始練習八大勁（技）法了。

3. 八大勁法

八大勁法就是太極拳從無極樁、混元樁修煉出來內勁以後，衍生出來的帶有太極拳特點的勁法。混元樁修煉出來的內勁具有所有內家拳的共性，叫混元勁。這種勁力不分門派，沒有體現出某個拳種的勁法特性。從混元勁往後修煉，就有了分別，太極拳從混元勁衍生出來八種基礎勁，形意拳從混元勁衍生出來五種基礎勁，而意拳沒有再衍生基礎勁，是直接拿來用的。

先說八大勁法，即掤捋擠按、採挒肘靠，分別對應四個正方向和四個斜角方向，又叫四正四隅手。可以說，所有太極拳的套路動作和發力都是由這八種勁法構成的，不懂八大勁法，練的就不是太極拳。

這八大勁法具體怎麼練，相關的文章和著作很多，大家可以自己去尋找，不過我還是建議大家正式拜師學藝。

4. 練習套路

懂了八大勁法以後就可以開始練套路了，此時開始練套路則事半功倍。用八大勁法驗證套路招式，用套路招式來琢磨八大勁法，練的才是真正的太極拳。

經過長時間的套路鍛鍊，八大勁法基本運用純熟，之後就可以開始推手訓練了。

5. 推手訓練

推手訓練有很多種，常見的是定步單推、雙推手。我們平時去公園，經常看見兩人雙手挨在一起，上下打圓練推手。可以說，只要是打圓練習的，不是練錯了，就是絕頂高手。

雙推手看起來像個圓，其目的可不是打圈和畫圓。雙推手是一種嘗試運用內勁的練習方法。定步雙推手練的是四正手，即掤、捋、擠、按四種勁法的互相破解和轉化。機械地打圈和畫圓都是錯誤練法。

正確的練法一定是在找勁上做文章：我用掤勁攻對方，對方用捋勁化解並順勢攻我；我聽出對方捋勁後便立刻變掤勁為擠勁，用擠勁化解對方的捋勁，順勢攻擊對方；對方聽出我的擠勁後，即刻變為按勁；我方隨即變為掤勁。如此你來我往，既訓練聽勁又訓練勁力運用，開始整個動作雖然不圓，但是只要是在找勁，那就是對的。

圓不圓只是個外在的表像，無所謂。等到勁法運用純熟了，反應、聽勁都練得很好了，四正手就自然畫圓了。

此時，聽勁、化勁就粗具規模了。繼而練好、練活四隅勁，八法勁既成就可以進行套路招式的單招練習了，即拆拳說勁。

6. 拆拳說勁

這個步驟就是把套路中的每一個單式單獨拿出來訓練，每一式包含幾個用法、幾個勁法。八大基礎勁法排列組合後可以衍生出 64 種勁法，分散在套路的各個動作中，可以說每一個動作都包含了很多種勁法。

把套路中的單式拿出來專門訓練是實戰的必經之路。對方先配合我的用招、發力，繼而不太配合，最後做對抗訓練。如此才可以步入實戰的環節。

只有遵循如上的訓練程式，才能練好太極拳。只有在太極拳修煉的原有方向上用功，才能有健身的效果。否則，拿追求健身當作理由，空練套路，則與體操無異。

─（七）─
理解太極拳要求的「鬆」

「不會鬆，空練功。」關於放鬆，已經有很多描述了，也有很多種幫助放鬆的功法。

但是請大家仔細想想，放鬆的標準究竟是什麼？人只要動，就一定需要力量來支撐，否則怎麼動呢？但是一旦徹底放鬆，那就沒有力量支持了，沒有力量支持就癱軟了，還怎麼練拳？怎麼盤架子？

記得剛練太極拳時，被放鬆的問題折磨了好久。師父天天讓我放鬆，可是如果真的放鬆了，手臂不就沒有力量支撐了嗎？那手臂還怎麼舉起來啊？師父說那是「洩」。但是放鬆和洩到底怎麼區別？要放鬆，又要用力做動作、盤架子，到底放鬆和用力怎麼協調？這恐怕也是每一個太極拳初學者的困惑。

後來經過多年的揣摩，我才明白其中真意。放鬆其實就是指放鬆肌肉，讓筋骨來承擔原本由肌肉承擔的力量。所謂「鬆肌肉，練筋骨」說的就是這個意思。

太極拳盤架子，要求立身中正，掤勁不丟。掤勁是個什麼勁？拳譜上說「如水負舟行」。這種描述很客觀，生動地描述出了掤勁的感覺。

武術是一種體悟，拳練到身上時是可以感覺到的，但是要用語言來描述就很困難了。這與佛家講的「不可說，說即是錯」有異曲同工之妙。我也是練了內家拳之後才對

佛家的這句話有了真正的理解。

　　武術，尤其是練內家拳，身體裏的體會很多，文字描述很困難，即便是描述出來了，別人未必能看懂。當初我學武術的時候，師父說什麼，我就默默記下來，然後在練習的過程中不斷地體悟，等我理解了師父所說的話，再對照著我當時的疑惑給師兄弟們講解的時候，師兄弟們多會恍然大悟。所以太極拳的先輩們是很聰明的，找到了這種類比的方法，指點後人練習太極拳的勁力。但是這種說法太抽象，訓練起來還是不容易。

　　如果初學者勁力沒有換過來，還是用肌肉發力，那麼想要找到這種「如水負舟行」的感覺就很困難。那麼掤勁到底是什麼勁呢？其實就是放鬆肌肉，讓筋骨來承受對方的來力。

　　當身體各部位關節訓練得當，筋骨形成了周身一家的內勁發力結構，就很容易將對方的力量由筋骨傳導到地下，此時，自己感覺不到用力，對方卻無法撼動你，這種感覺便是「如水負舟行」。最後再將地面的反作用力連同自身產生的筋骨之力傳導到對方身上，此時自己感覺不到用力，而對手已經跌出幾公尺開外了。

　　所以，講放鬆，知道原理和目的，便可以事半功倍。放鬆的真意就是六個字——鬆肌肉，練筋骨！

（八）
「四兩撥千斤」正解

「四兩撥千斤」在太極拳理論中被視為核心，也是太極拳能夠以小搏大、以弱勝強的奧秘所在。但是對此句的理解，確實各有各的說法。近些年來，武術界有不少對於此句的解釋，其中有部分人認同的便是「即使是四兩撥千斤，也得自身先有千斤之力，然後才能用四兩來撥千斤」。乍一看，貌似有點道理。但是仔細一想，卻又不是這樣。自身只有「四兩」力便使用了四兩，這使用出來的「四兩」與自身有「千斤力」而使用了「四兩」有何不同？都是用了四兩，難道此「四兩」比彼「四兩」力要大嗎？這顯然不可能。窺其本意，應該是描述為當自身擁有的力量很大的時候，用很小的力就能制服對手。

然而這裏很小的力是相對於自身擁有千斤力量而說的，比一般人的力量還是大很多。有千斤力而用四兩的本意是大力勝小力、小力勝無力，這與「四兩撥千斤」顯然背道而馳。那麼，「四兩撥千斤」究竟作何解呢？

其實這只是古人在描述太極拳以弱勝強、以小搏大的拳理時的一個修辭而已。這裏的「四兩」和「千斤」並不是指真實的「四兩」力和「一千斤」力，而是想說明，太極拳的技藝是可以達到以小搏大、以弱勝強的效果的。

至於太極拳如何達到「四兩撥千斤」的效果，這是太極拳內勁修煉、發勁方法以及使用技巧的範疇，也是修煉體系裏最核心的東西，我在後文再做專題討論。

五、內勁修煉

——————（一）——————
修正身法：無極樁（健身樁）練法及竅要

　　前文對很多初學者或者武術愛好者在訓練過程中大多會遇到的問題、產生的疑問進行了系統的介紹。從這一部分開始，我就以形意拳為例，介紹怎麼練才是真正練武。並不只是教形意拳動作，而是著重教怎麼練形意拳的勁，是大多數只寫動作的著作中省略的核心部分，俗稱竅要。

1. 動　作

　　雙腳分開與肩同寬，腳尖向前；雙膝微屈，似直非直即可；雙手自然垂在大腿兩側，五指自然分開，微微撐直；身體直起來，口齒輕閉，舌頂上齶，目視前方。

　　要求虛領頂勁、含胸拔背、勞宮吸空、尾閭中正、腳趾抓地。百會穴和會陰穴成一條直線與地面垂直，肩井穴和湧泉穴成一條直線與地面垂直。

　　初期因為自然形成的身姿不符合武術要求，所以腳跟承擔全身重力，隨著身法的修正，全身重力是由腳掌平均承擔的（如下頁圖無極樁所示）。

2. 拳　理

　　無極樁也稱自然樁，是內家拳重要的樁法之一，被歷代拳家認為是內家拳的根基。拳理說：「太極者，無極而

無極樁

生也。」練習此樁時身體處於高度放鬆狀態，意形合一，陰陽相調，無形無象，所以說無極樁是一種平衡和諧的內在養生運動。

用這些話來解釋無極樁，大家看了之後似懂非懂，抓不住實際操作要領。陰陽相調是什麼感覺？無形無象又怎麼做到？非常不容易理解。我給大家解釋一下。

無論是八卦掌還是太極拳，或是形意拳，對身法要領的要求是一樣的，因為無論是哪種內勁，都源於筋骨之力，要想放鬆肌肉，鍛鍊筋骨之力，打造筋骨發力的結構，身法要領是一致的。那麼如何掌握這種筋骨發力結構的身法要領呢？眾多前輩們總結出來的經驗，就是從無極樁開始。無極是零，對應武術從零開始。

練武術，從自然的肌肉發力習慣改變為筋骨發力的習慣，怎麼轉換、怎麼換勁，這個過程從武術修煉的角度來講，就是從無到有的過程，而這個掌握了身法要領的狀態

就是武術領域的開始狀態，即「無極」。等有了筋骨之力，用力自然就成了非剛即柔的狀態，在剛柔上做文章的拳法就是陰陽，就是「太極」，進而形成了太極拳的修煉體系。形意拳也是在「無極」「太極」的基礎上發展起來的另一套武術修煉體系。

可以說，無極樁就是一種修正身法的入門訓練方法，這種方法的目的就是從掌握內家拳要求的身法要領開始強身健體，逐步換勁。

那麼無極樁也就是內家拳要求的身法要領又有什麼呢？我想大家都不陌生，幾乎所有的武術著作都在提虛領頂勁、含胸拔背、勞宮吸空、尾閭中正、腳趾抓地。

下面我把這幾個要領盡力用通俗的語言描述一下，希望大家能看明白。

3. 竅 要

（1）虛領頂勁

對這個要領各家描述不一。有人說下頜微收，有人說脖子後面兩根大筋都感覺被微微拉伸，有人說像頭頂頂著一張紙，有人說像頂一碗水，還有人說像肉鉤子鉤著自己的身體。從這麼多描述中去尋找要領，可能越來越迷糊，除非有一天自己做對了，否則永遠不會明白師父描述的真正感覺是什麼。

我習慣先讓學生明白這個要領的作用、原理，然後再找各種方法來讓他們體會這個要領做正確了是什麼感覺。

其實原理很簡單，因為頭部重力壓著脖子，所以這個要領的目的就是減輕脖子的壓力。把原來脖子肌肉承擔的重力轉移到頸椎和頸椎後面的大筋上去。怎麼轉移呢？先吸氣把頭部往上提，在上提的過程中，脖子的肌肉就逐漸不承擔頭部重力了；然後微微向後靠，這個動作做到位了，下頜自然微收，頸椎後的大筋自然就微微拉伸了。

師父描述的這些動作都是必要條件，不是充分條件。等你做到了這些要領，師父所說的你也就都做到了；而你做到了下頜微收、大筋微張，也未必能掌握所有這些要領，這是非常重要的一點。

然後慢慢地均勻呼氣，頭部就會自然將重力轉移到頸椎上。這個要領一旦做到了，之後由含胸拔背，上焦重力不壓中焦，由尾閭中正，中上焦不壓下焦，就像壘積木一樣，將人體各部分的重力巧妙地轉移到筋骨上，然後再由筋骨傳導到地上。

當身體的內臟、肌肉都處在放鬆的狀態時，這樣的結構符合人體本來規律，內臟、血脈等各部位功能完美呈現，氣血從內臟到身體各個部位暢行無阻，這種感覺你能想像到嗎？站在天地之間，氣血在體內隨著呼吸無拘無束地暢快運行，而人也就能夠達到莊子講的「獨與天地精神往來」的境界。

（2）含胸拔背

從形體上看，兩個肩膀向前突起，此時前胸部位形成的是一個凹進去的半圓。但真正做到位，並不是形體達

標，而是以勁力順達為標準。含胸拔背的目的是來回傳遞上肢和軀幹承受的力量，把頭部傳下來的力量傳到軀幹上。那軀幹怎麼承擔這些力量呢？

含胸拔背可以使上肢和脊柱形成一個勁力意義上的整體，把上肢傳來的力量和頭部傳來的力量都整合到脊柱上，使內臟所處的空間不受壓迫。

從武術的角度講，這是發出整體力的必要條件；從健身角度講，內臟不受壓迫是內臟功能不受損傷的前提條件。所以，樁功、內家拳、傳統武術之所以有非常大的健身意義，其核心的秘密就在這裏。

教大家一個掌握含胸拔背的有效方法：

自然站立，雙腳分開，與肩同寬，雙手放在胯前（大腿根前面），兩手掌心向下，掌指朝前，手指撐直。然後雙掌內旋，十指相對，手指保持撐直，此時注意體察一下肩膀的感覺——自然的兩肩前突、胸部後縮、背部撐圓。這就是含胸拔背的要領。

（3）尾閭中正

尾閭中正可以說是身法要領中最關鍵的了。如果說含胸拔背是讓胳膊和軀幹，上三節和中三節從勁力角度上整合的話，那麼尾閭中正就是下三節和中三節得到整合了。含胸拔背和尾閭中正是發出整體勁的兩個竅要。

虛領頂勁把頭部重力傳給了肩膀，含胸拔背把肩膀承擔的重力傳給了脊柱，那麼尾閭中正的目的就是把脊柱承受的重力傳給下肢，由下肢再傳到地面上。由這個重力承

擔的重新分配的過程，身體形成了整勁。之後腳底蹬地，再把蹬地的反作用力逆向傳導到前腳，直到手，從而攻擊對手，這就形成了擊人於丈外的整體勁。形意拳講「消息全憑後足蹬」的奧妙就在這裏。

尾閭中正到底是怎麼做呢？前輩們有很多形容，如「提穀道」「把腰坐到胯裏」「像坐著板凳」，等等，其實，就是把尾椎向前靠、腰椎向後靠。這就必須提到內家拳修煉當中脊柱的秘密。人體自然的脊柱是「S」形的，由含胸拔背和尾閭中正可以把脊柱調整成接近「I」形，這種形狀更利於重力的傳導。一旦做到了尾閭中正，會陰自然內斂，穀道自然上提。有些書僅僅是從會陰和穀道的狀態來描述樁功，沒找到真正的根本。

會陰和穀道的反應是做到尾閭中正時自然產生的結果，如果僅從會陰和穀道上找，即便是主動做到了會陰內斂、穀道上提，尾閭沒有中正也是產生不了內勁的。

實踐出真知，前輩們真是睿智，在長久的實踐當中摸索出這麼一個符合力學、美學和重力原理的結構。

（4）勞宮吸空

這麼描述，大多數人看不明白，或者明白字面意思，但不得竅要所在，所以我習慣講成五指撐開，這樣比較容易從字面上理解這個要領。

前輩描述這個要領的時候說：「五指微彎，如抓熱饅頭狀，抓緊了太燙，放鬆就掉了，抓到剛剛好為止。」這也屬於意會的範疇，如果悟性不是特別高，根本悟不出

來。我抓過無數個熱饅頭，也沒悟出個所以然來。直到有一次，在天津碰到一個拳友練大成拳樁功，他手指微彎如勾，有一種勁力自然透發出來的狀態。我一開始還覺得他有些僵了，不是要求放鬆嗎？但是有一日心念突動，遂恍然大悟。

五指既要放鬆又要保持微彎。放鬆是要求肌肉放鬆。保持微彎，在自己的感覺上是把手指撐開了，這個力是分佈於手指上的筋發的力。所以五指撐開是筋發力，微彎是為了讓筋舒展到適當的程度。如果把手指伸直，筋就伸展得有些過了；如果完全鬆懈了，手指就縮成一團了，筋也就得不到鍛鍊了。

在微彎的狀態下，手指上的筋能撐到剛剛好的位置而得到鍛鍊。五指撐開微彎的狀態下，勞宮穴也就是掌心的位置呈現出自然後縮的狀態，好像形成了一個渦，這就是勞宮穴吸空。

（5）腳趾抓地

五趾為什麼要抓地？有人說為了掌握平衡，有人說為了與地氣相接。這是對不同功法範疇的不同解釋。

從武術的角度看，五趾抓地對不對？站樁、行拳是否需要五趾抓地？應該說，這個「抓」字用得不好，但是其表達的真實含義是對的。咱們先不討論如何站才能更加容易發力、發勁。

首先想一想，如果要練拳或者與人角力，我們的腳底應該怎樣做，才能更加便於自己抵抗對方的力，或者更簡

單一點，如何站才能更加穩當，不容易被推倒。從字面上看，「五趾抓地」的作用也正在於此，讓腳「抓住地面」，從而使自己更加穩當。

另外，腳掌要承擔人體全部重量，前腳掌和後腳跟怎樣分配承重，這又是歷來拳家爭論的焦點之一。前面說過，剛開始站樁時，由於自然身姿的影響，做到各種身法要領時，重心往往落在腳跟，有的初學者還會站不穩而往後倒。此時五趾抓地有助於保持身體平衡，緩解身體後倒。隨著身法的逐漸修正和樁功功架的逐步定型，五趾抓地也會增加其他的功能。

此外，我認為五趾抓地最重要的意義就是與勞宮吸空一樣達到撐筋的目的。從武術訓練上講，我們可以認為手指和腳趾都屬於筋梢。上面的筋梢是手指，下面的筋梢是腳趾，位於身體兩端。湧泉穴吸空可以撐開下端筋梢，勞宮穴吸空可以撐開上端筋梢，從而達到最好的伸筋拔骨的效果。

有的功法要求腳尖向前，有的功法要求腳站成內「八」字。到底怎麼做？其實這兩種說法講的是同一種姿勢，只不過腳尖向前是從觀察別人站立的角度描述的，而內「八」字形描述的是自己的體會。大家可以自己體會一下，當感覺到自己的腳掌成內「八」字的時候，低頭看看腳尖是不是朝向正前方，兩腳外緣形成了一對朝向正前方的平行線。這樣的站姿有助於穩固身體。

腳站內「八」，雙膝裏裹，大腿外翻，這樣就形成了一種直插地底的力量，而這種力量就是由脊柱傳下來的身

體重量。經過身法修正後，人體的各個部位不分擔重力，而是透過巧妙的力學結構的重新構建，在身體內部形成一條直達地底的通道，全身的重力都由這條通道由腳底傳遞給了大地，這才是「落地生根」。

人在這個環境中去調整身法，自然容易顧此失彼，難以練成。所以建議大家從無極樁這個最簡單的樁法開始，開始就把最重要、最核心、最基礎的身法要領掌握好。練拳先要正身法，「身法不正，內勁不生」。沒有內勁的拳法套路，僅是空架子而已，與廣播體操無異。上面這幾個要領的具體體悟和詳細解釋，在「混元樁」裏具體說明。

4. 調　息

無極樁的動作都做好、要領都調整到位、身心都靜下來以後，就可以開始進入調息階段了。

人體由呼吸與自然界中的空氣進行氣體交換，獲得相應的能量。對人體內臟的鍛鍊，呼吸是唯一可以利用的途徑。人體在不同的情緒狀態下會出現不同的呼吸狀態，著急時比較急促，慌張時比較短促。反過來，呼吸也可以調整人體的狀態，緊張時深呼吸，緊張感就會得到緩解，這是我們每個人都可以驗證的。樁功的調息作用是指由呼吸來鍛鍊內臟和調整身體狀態。

具體的練法：

等待心情平靜下來以後，意念（就是注意力）集中到鼻孔下端、人中穴前方的空處，道家稱為「虛無竅」。慢慢地排除雜念，放慢呼吸，呼吸要求深、細、勻、長。十

分鐘左右會進入一個相對放鬆的狀態，初學者可以默數 36 次呼吸，大約是一分鐘呼吸 2 ～ 3 次。不強求一分鐘呼吸幾次，適量就好。

然後「服氣三口」。服氣時需要將上下兩片嘴唇微微上翹，吸氣時自然會發出與「服」字的字音相近的聲音，然後將氣像飯團一樣吞嚥下去，再用鼻徐徐呼出。做三次，吞三口氣即「服氣三口」。當年師父傳授此法，可惜我一直未能體會，其原理也沒有探究明白。姑且在這裏分享給大家揣摩吧。

「服氣三口」之後，可以加入意念進行借假修真了。師父傳授的無極樁意念是意想氣從左手指端開始往上流動，過手指、手掌、手腕，經小臂、肘關節大臂、肩膀，至脖子左側、左臉、左耳，從左耳再到百會穴。

之後再從百會穴下流到右耳，同路線到右手指尖，然後從右手指尖流到大腿右側，繼續下流到湧泉穴，自右湧泉穴從地底再到左湧泉穴，上流到小腿左側、大腿左側，然後流回左手指尖，完成一個循環。女子練功則左右對調。如此進行三個循環即可。

速度由自身控制，一般走完這三個循環，至少需要半小時。

之後如果還想站無極樁，可以意注丹田，以一念代萬念，繼續站，直到升成混元樁，或者站到不想站而收功為止。

5. 收　功

無極樁的收功也稱「捧氣貫頂」。萬法均有始有終，無極樁也不例外。收功前先將意念收回丹田，手臂從兩側徐徐上升，手心向上，然後在頭頂相對，意想天地之精氣都被捧起來聚在兩掌中間，繼而雙手徐徐下按至丹田處，意想雙掌之間的天地精氣從百會穴入，隨兩手下按緩緩流入丹田。此動作循環三次。之後雙手搓熱，輕撫面部數次，然後屈指輕叩百會穴數次，方可緩步行走，從練功的狀態切換到平常的狀態。

由於我對氣功沒有太多研究，所以在我看來，也許這套借假修真的意念是在初學者無法靜心、身法要領不固定期間的一套切換狀態的方法，目的是排除初學者心中的雜念和煩躁，身不動而意動，轉移了初學者的注意力，引領身體逐漸進入練功的狀態。

站無極樁是一個非常好的健身方法，久站無極樁可以調整全身氣機，改善血液循環，也增強人體自身的免疫力。

練習者一旦身法要領成型，切換狀態熟練，站久也不覺得枯燥，沒有雜念的時候，我認為不用這麼多意念，不遵循這套程式也可。所以，建議大家客觀看待，自行選擇。

—— (二) ——

換勁法門：混元樁練法與竅要

1. 動　作

混元樁是在無極樁的基礎上，徐徐抬起兩臂，在胸前抱圓，十指相對，兩手五指撐開，如卡鋼球，勞宮穴吸空。其他動作不變。

因為雙臂要提起來環抱，這就比無極樁多出了一個要領——沉肩墜肘，具體要領下文介紹。

混元樁的具體姿勢如下圖混元柱所示。

混元樁

2. 身法要領詳解

在各家武術中，混元樁都是重要訓練方法之一。虛領

頂勁、含胸拔背、尾閭中正、勞宮吸空、腳趾抓地這幾個要領在無極樁中做過詳細解說，這裏不再贅述，以下單說混元樁中的「沉肩墜肘」。

沉肩墜肘是在練套路或者站混元樁的時候才有的要領，在無極樁的訓練當中是沒有這個要領的，所以放到最後來講解。沉肩墜肘，顧名思義，就是肩膀和手肘有往下掉的感覺，而人的肩膀和手肘是人體的不可分割的部位，如何才能產生位移呢？而且大成拳要求肩撐肘橫，這個「橫」和墜方向都不一樣，為什麼都能練出功夫呢？

其實這裏的沉和墜，還有橫，都是人的感覺，不是真實的位移。

太極拳前輩描述這個要領時說肩與肘常常有下墜之意。雖然說法無誤，但是在今天來講，尤其是在沒有師父指點的情況下，是斷然無法讓人正確體悟的。

究其目的，是將手、肘、肩、背、腰有機整合起來，形成整勁。肘是小臂與大臂形成整勁與否的關鍵，肩是大臂與背腰整勁形成與否的關鍵。一般來講，做到含胸拔背的時候沉肩也就做到了，因為沉肩的目的是要把上肢傳來的力量傳導到背和腰上，所以在站混元樁時，沉肩的感覺是好像把整條手臂放到肩膀上。

由胳膊上的大筋的調整轉化，由肩膀承受整條手臂的重力，然後再將這個重力懸掛傳遞給脊柱，這樣肩膀自然壓著軀幹，人的感覺就是肩膀往下沉，因此前輩們就把這個要領形象地叫作沉肩。

墜肘也是一樣。為了使小臂與大臂巧妙組合而形成整

勁，手肘不能伸直。大家都知道，肘關節是由肱骨遠側端和尺橈骨近端關節面組成，如果過伸，關節就失去了圓轉通順的功能，容易受傷。

武術內勁上講，小臂和大臂的力量如不能順達，就不能形成整勁，而是兩個力量相互對衝，因此肘關節會因承受雙方的力量而受傷。墜肘的真正意義，我認為是肘部不伸直和手筋圓撐。

墜肘，從肘部不伸直的角度來說意義重大。只要肘部有下墜感，那麼肘部就肯定不會是直的，勁力往來傳送就容易順達，不容易相衝。而前輩為什麼要用這個「墜」字呢？這也是有講究的。

內家拳要求放鬆，鬆開不是讓人像洩了氣的皮球一樣完全癱軟，而是要完全讓肌肉放鬆，讓筋骨來承擔重力。打一個比方，筋骨構成了一個晾衣服的架子，肌肉就是掛在架子上的衣服，這個衣服架子的感覺是有東西往下墜。所以前輩們在描述這個要領的時候，非常精準地用了「墜」這個字。

而肘橫是手筋撐圓的一個現象。兩點之間直線最短，自然狀態下手筋成直線，是一種沒有撐開的狀態。而想鍛鍊手筋，就不能讓它處於這個最短的自然狀態。然而手筋位於人體內部，不能人為拖拽，怎麼辦？用關節彎曲來改變手筋的狀態。

勞宮吸空和湧泉吸空也是利用筋梢的彎曲來達到撐開筋梢的目的和作用。同理，肘部也是，肘部撐圓，手筋就得到了適當的鍛鍊，有拉伸感，但不像伸直胳膊那樣拉伸

感強烈。

中國武術植根於中國傳統文化當中，也處處體現中庸思想。我們要鍛鍊筋骨，卻不支持極端的鍛鍊；我們要撐開筋骨，卻不贊成最大幅度地撐開，剛剛好就夠了。而肘部的撐圓就是這種中庸的狀態，太剛易折，太柔易洩。撐圓肘部大筋的感覺是橫向的，注意肌肉放鬆狀態的感覺是縱向的。前者描述這個狀態就用肘橫來描述，後者則用墜肘來描述。

3. 練功時間

記得當初剛剛跟隨師父練習樁功的時候，師父無意間說了一句：「好好堅持，站過 40 分鐘，就是另一重境界了。」於是，我便暗暗記在心裏，每天都咬牙堅持，儘量站的時間長一些。為此，我儘量地轉移注意力，跟人說說話、聽聽音樂、想點別的事，努力地讓胳膊保持樁架，20分鐘、30 分鐘⋯⋯終於在幾個星期後能站 40 分鐘了。

我非常開心地告訴師父，師父當時竟然沒什麼反應，就回了一句「好好堅持」。當時我心裏還在嘀咕，師父怎麼不高興呢？我還想問師父，我都突破 40 分鐘了，為什麼還是一點「新境界」的感覺都沒有，毫無異常？但是看到師父的反應，我就沒敢問。

現在想起來，當初是多麼可笑啊。在這裏我想透過自己的經歷和體驗來說說樁功練習時間的問題。

剛練樁的時候，要知道目的。前面的 100 天是調身階段，就是要讓師父不斷地糾正動作、要領。從師父糾正的

要領中體悟各個要領做正確時的感覺。因此，在調正身法之前，還是不要要求時間為好，否則，站得越久，傷身越大。如果身法不正，身體的重力會由某一個或某幾個關節承受，長期站下去，這些關節往往受不了，從而出現偏差。

　　我開始錯把站樁時間長短當作了功夫深淺的判斷依據，所以一味地追求長時間，而把修正身法放到一邊了，就算是次次都站到 40 分鐘以上，也不會有什麼結果。因為路就是錯的，怎麼會有反應呢？所以在這裏建議大家把樁功的練習分為兩個階段。在修正身法的階段，別犯像我一樣的錯誤，而應該一門心思琢磨身法要領。

　　在掌握身法之後，才算是真正開始練樁功了。之前站樁是為了掌握樁功的架子，現在站樁才是為了練功。身法修正後你會發現，往往堅持 30 分鐘都很難。如果混元樁能站半個小時，那就最好一直堅持站半個小時。如果站不了那麼久，站 10 分鐘也不錯，當然這是指進入樁功狀態之後的 10 分鐘。所以，我不主張苦熬時間，吃苦的訓練不宜持久，否則會耗盡對樁功的興趣。

　　每次站樁，調好身法以後進入練功狀態，覺得哪個部位肌肉酸就調整哪個部位的身法要領。如果感覺到筋疼痛，往往是那種面積很小的、一絲絲的疼，這其實就是在鍛鍊筋骨了。此時最好堅持住，直到堅持不住的時候就停下來休息休息再練。

　　須知功夫深淺，主要看筋骨，所謂「筋長一寸，力大百斤」。而筋骨的鍛鍊是個漫長的過程，不會因為你一次

堅持的時間長而瞬間就漲了功夫。

所以我們要科學地鍛鍊筋骨，在每一天能夠承受的範圍內堅持鍛鍊，筋骨才會慢慢強壯，功夫才會慢慢增長，否則，突然的一次長時間鍛鍊，筋骨受不了，練傷了則需要很久才能恢復，反而欲速則不達！如此，苦熬時間又有什麼意義呢？

站樁時間長短是可以體現功夫深淺的。但時間絕不是唯一能體現功夫深淺的標準。功夫深的筋骨好，筋骨好則站的時間就長，這是肯定的。但是反過來，站的時間長的不一定功夫深。

所以，我們要看的時間是在筋骨得到正常鍛鍊狀態下站樁的時間，而不是咬緊牙關、苦苦堅持撐下來的時間。時間只是樁功的很多表象裏的一個，片面地追求站樁時間長是不科學的。

4. 混元樁「鬆開」正解

在站樁過程中，師父往往要求徒弟覺得哪裏酸，就鬆開哪裏。這個「鬆開」往往會讓人產生誤解。

所謂鬆開，就是指這一個關節不承受身體的重力，具體做法是鬆開肌肉，讓筋骨承擔身體的重力。在身法不正的時候，肌肉一直在承擔著身體的重力，怎麼鬆得開呢？所以鬆開不是主動地放鬆肌肉，而是透過修正身法，讓關節不再承受身體的重力，自然就達到了放鬆的狀態。所以，肌肉緊張要從身法調整上來解決，而不是主動地去放鬆肌肉。一定要記住，鬆開的根源不在於放不放鬆肌肉，

而在於身法要領做得對不對。

5. 混元樁入門的標準

　　混元樁入門後是一種什麼體驗呢？你會感到肌肉越來越鬆弛，在重力的作用下，尤其是胳膊上有一個往下墜的力，這在平時是體會不到的，入門後就能體會到。師父有個很形象的比喻，人體的骨頭像是晾衣服的架子，肌肉就好像掛在架子上的衣服一樣往下耷拉。

　　另外一種體驗是能感覺到全身的重量全部壓在了腳底。身體各個關節都不承受重力，兩個腳像錐子一樣往地下紮，身體的重力有往地下鑽的感覺。如果有上面兩種體驗，說明樁功入門了。

───────（三）───────

整勁法門：三體式修煉方法

1. 拳　理

三體式是形意拳裏最重要的功法，有「萬法出三體」之說。形意拳的整個訓練體系把三體式作為入門的訓練方法，從三體式裏修正身法、完成換勁，還要從三體式裏練出整勁。所以三體式雖然是最基礎的，但也是最難的。

為什麼叫「三體」？「三體」就是人的頭、手、足對應天、地、人「三才」，三體式訓練的核心顯而易見。

按照「三節」理論，三體又各分根節、中節和梢節三節。從整個身體而論，腿腳為根節，腰脊為中節，臂手為梢節。每一節詳細劃分，又可以各自分出三節。從頭到腰，腰為根節（在外為腰，在內為丹田），脊背為中節（在外為脊背，在內為心），頭為梢節（在外為頭，在內為泥丸）。從手到肩，肩為根節，肘為中節，手為梢節。從足到胯，胯為根節，膝為中節，足為梢節。三節之中各有三節也，合稱「九節」。

太極拳理論裏有「上下九節勁，節節貫穿」，「九節」與此劃分一致。內家拳很多基礎的東西都是一致的。所以前輩曾說：「此理乃河洛書之九數，丹書云『道自虛無生一生，便從一氣產陰陽，陰陽再合成三體，三體重生萬物張』，此之謂也。所謂虛無一氣者，乃天地之根，

陰陽之宗，萬物之祖，即金丹是也。亦即形意拳中之內勁也。世人不知形意拳中內勁為何物，皆於一身有形有象處猜想，或以為心中努力，或以為腹內運氣，如此等類，不勝枚舉，皆是拋磚弄瓦，以假混真。故練拳者如牛毛，成道者如麟角，學者不可不深察也。以後演習操練，萬法皆出三體勢，此勢乃入道之門。形意拳中之總機關也。」

2. 動　作

（1）預備式：身體自然站立，眼向前看，舌尖輕輕頂著上齶，這叫「舌搭鵲橋」。然後口齒輕閉，下頜微收，兩臂自然下垂，兩手五指併攏，輕輕貼在大腿兩側，兩腿直立，膝蓋後挺，腳跟靠緊，前腳掌向外挪一點，兩腳約呈 90°。

（2）左腳先上一小步，右腳隨即跟上，兩腳併攏貼緊。同時，兩小臂從身體兩側慢慢抬起，兩肘靠肋，兩肩鬆垂，兩手心朝上，高過頭頂之後向內畫弧，變成掌心向下，緩慢下按到胯前握拳。

（3）上動不停，右拳順勢向身體左側鑽出，在整個鑽出過程中拳心由向下緩緩變為向上，成螺旋拳。

（4）左腳順著出拳的方向向前邁一步，順直落地，後腳不動，兩腿彎曲，前虛後實，重心在後腿上。步子的大小以練習者兩腳之長為度。臀部與後腳跟的連線與地面垂直，左膝蓋要與左腳跟上下對應。兩腳暗含前後的蹬勁，互相為根。兩膝向內扣，腳跟向外撐。當左腳前邁時，左手順勢上鑽，經由右臂上方向前鑽出。到兩手相交

三體式

之時，左拳內旋且自然變掌，此時兩手慢慢分開，左手向前推，右手向回拉。左手不可前伸太直，肩至肘一段呈斜坡形，肘至腕一段呈水平。左手高與胸平，五指張開，虎口撐圓，指尖微屈，掌心內圓，肘尖下垂，坐腕向外撐動。右手拉至小腹處，大拇指根緊靠肚臍，眼平視左手指梢（如上圖三體式所示）。

3. 練習竅要

三體式是形意拳修煉體系裏的根基，整體力、蹬勁、趟勁都是從這裏練出來的。

其實，在練三體式之前，應該先練無極椿修正身法要領，再練混元椿褪去拙力換成筋骨力，產生混元勁，之後才能在混元勁的基礎上站三體式椿練勁。開始就練三體式，難度比較大。弄懂練功的目的，再做好一些基礎的訓練，修煉就可以事半功倍了。

　　三體式要求頭、臀、腳跟大致在一條線上，重心前三後七，初學時往往很難堅持。掌握不了尾閭中正的要領，站三體式的時候臀部一定是撅的。因為體重都放在後腳上了，前腳就容易浮。重心放到後面，就需要前手有向前的撐勁，頭上虛領頂勁（「八字訣」裏的「頂」字訣）。注意，前手撐勁是筋骨之力，類似太極拳的「掤勁」，沒有經由練混元樁換過勁來的人是做不到的。所以任何功法都需要有基礎，上來就練一定是很難的。

　　後腳由於與身體一線，承受了人體七成的重力，所以需要蹬勁。開始練時會覺得腿特別累，不由地想把重心移到前面去，但孫祿堂前輩告誡說，千萬不可，一定要堅持。為什麼呢？他沒有細說。仔細想一想其實也很簡單，形意發勁「全憑後足蹬」，只有強化後腿的訓練才能發出常人無法企及的力量，這也是三體式的訓練核心之一。這裏又有一個竅要，就是一定要讓筋骨來支撐體重，蹬勁是由筋骨發出的，三體式訓練的是筋骨，不是肌肉。

　　那麼後腳蹬勁蹬足了，身體要往前移怎麼辦？別忘了，前腳要有「剎車勁」，這個比喻非常形象，其實這個「剎車勁」訓練的就是趟勁。

　　趟勁出來了，搶中奪位的時候才可以步到人翻、擋者披靡，才會有「捲地風」的效果。

4. 要領詳解

　　三體式的身法要領不是一次形成的，而是在漫長的時間裏由各代形意拳集大成的頂級大師不斷積累經驗、總結

教訓後慢慢形成的。

最早的身法要領是四象，在心意拳的階段，譜上只有一句話：「雞腿、龍身、熊膀、虎抱頭、鷹捉、雷聲，以此作身法。」這六種身法要求被稱為心意「六藝」。形意拳去掉鷹捉和雷聲，把雞腿、龍身、熊膀、虎抱頭作為身法，稱為「四象」，後來又有了「八字訣」。經過幾代形意拳大師的不斷總結，「八字訣」又擴展為「校二十四法」。其實不管是哪種說法，身上表現出來的要領都是一樣的，從四到八再到二十四，本質上是不斷地細緻化描述這些身法要領。

八字是「頂、扣、圓、敏、抱、垂、曲、挺」，每個字訣對應三個身法要領，一共二十四個，這便是「校二十四法」。

三頂：頭頂，有沖天之雄；手頂，有推山之功；舌頂，有吼獅吞象之容。

三扣：肩扣，則氣力到肘；膝胯扣，則全身氣湊；手足指扣，則周身力厚。

三圓：背圓，其力摧身；胸圓，則兩肘力全；虎口圓，則勇猛外宣。

三敏：心敏，如怒狸攫鼠，則能隨機應變；眼敏，如饑鷹之捉兔，能預視察機宜；手敏，如捕羊之餓虎，能先發制人。

三抱：丹田抱氣，氣不外散；膽量抱身，臨事不怯；兩肘抱肋，出入不亂。

三垂：氣垂則氣降丹田，肩垂則肩能摧肘，肘垂則肘

能摧手。

三曲：兩肱宜曲，曲則力富；兩股宜曲，曲則力湊；手腕宜曲，曲則力厚。

三挺：頸挺則精氣實頂，腰挺則力達四肢，膝挺則有彈力。

上面幾種身法要領的表達雖然說是不斷細化的結果，但終究是凝練出來的幾個術語，普通練習者如果沒有老師親手調勁、餵勁，很難明白這些術語背後所代表的東西。

我想在幾種提煉出來的術語之外，換一種最貼近練習者學習的表達方式，練習者可以直接從體會自己身上的細微動作來學習三體式的身法要領。下面就從上至下、從頭到腳來闡述。

首先是頭

頭部的要領分為外形看得見的和看不見的。看得見的，簡單地說就是頭頂頂起來、脖子豎起來。頭頂頂起來是說頭要領勁，頭有領勁才能避免前俯後仰。試想，頭低下了，身體自然就會前俯，如果頭向後，就成仰頭了，身體自然運轉不靈。頭為六陽之首、一身之主，頭部如果領不住勁，身體就會像三軍無帥般散亂不堪，怎麼能整合好力量迎敵呢？

其次是肩

《內功經》裏說：「頭正而起，肩平而順。」頭正而起說的是頭上的領勁。肩平而順就是指肩的要領了。古人的描述非常簡略，但是非常傳神，一個「平」字，一個「順」字，真是把肩膀的要領刻畫得淋漓盡致。只是作為

初學者，如果無法心領神會、感同身受，就體會不到這兩個字的妙處。實際上要掌握肩膀上的要領，恰恰需要忘掉這兩個字，儘管放鬆肩膀就好。

然後是胸背

《內功經》的口訣是：「胸閉而出，背圓而正。」我們現在耳熟能詳的身法要領中講解胸背的有哪些？含胸拔背，胸圓背圓。想到這兩個要領之後再仔細看一下這兩句口訣，是不是說的是一回事？「含胸」對應「胸閉而出」，對應「胸圓」；「拔背」對應「背圓而正」，對應「背圓」。如此，我們就容易理解了，這三組描述要領能理解哪個就用哪個，當看到其他文字描述的時候，就會立刻感悟到別人說的那個東西就是你自己身上的這個感覺，而你是這麼描述的。

這個過程就是體悟，是出自實踐的真知，也是王陽明心學裏提倡「知行合一」的精髓所在。

當然還有一個度的問題，這其實屬於哲學範疇。任何事情都是有一個度的，比方說人的體型，不管是大的還是小的，總體上會有一個區間，在這個區間內，高矮胖瘦都是正常的，有人超出這個區間了，那可能是病態。

打一個比方，我們追求胸圓背圓的要領，於是拿了一圓環過來比對，認為胸口不能完美貼住圓環外側、後背不能完美貼住圓環內側，就不能算是圓。結果發現自己的兩個肩胛骨怎麼也不能合成圓，於是找來榔頭敲，認為只要胸圓背圓做到了，內勁就有了。敲完之後是完美貼住了圓環，可是人也癱瘓了，還練什麼拳呢？

　　這裏我想再次強調客觀、理性認知的重要性。做這些身法要領是為了練出內勁，但是如果把這些要領的描述文字當作目標，那就失去了原本的方向了。

　　一般來說，這種度的把握是由師父來指導的，因為師父是過來人，分寸會拿捏得比較準確，在你身上一點一按，勝過千言萬語。

再後是手

　　先說手型，三體式的手形是「八」字掌，食指與大拇指撐開、食指向上，指尖微扣。虎口撐圓，大拇指指尖微微向食指方向（往裏）扣，其他三指最外面的指節向裏微微扣住。

　　這裏特別應指出的是，拇指與小指這時也是有向外撐的勁，這樣拇指、小指與食指之間形成一個很圓的勁，然後手腕立起。拇指一側向外擰勁，手心向回縮勁，這時塌、擰、扣、挑、縮五勁齊全。

接下來是腰胯

　　說到腰胯，我在這幾年的教學生涯中遇到很多案例，都因為學員原來的老師不明白尺度的把握，而學生們又一味求功，導致用力過度，過猶不及，最終空耗十餘年光陰。

　　其實三體式腰胯的要領與無極樁身法裏的「尾閭中正」是一樣的，即把腰椎曲線拉直，有人叫「腰曲填平」。做的時候，只需要把原來向前彎曲的腰椎部分向後動一點，而這個向後的尺度就以腰椎正直為度。

　　「立木頂千斤」的道理我們都懂，腰椎是上半身和下

半身力量傳導的唯一樞紐，腰椎在彎曲的情況下受力大還是在伸直的情況下受力大？答案不言而喻。人的腰椎原本是向前彎曲的，這是由人體站立的結構形成的，在正常生活中這樣並無不妥。

但是在武術當中，要想自己的拳頭發揮出常人沒有的殺傷力，那麼腰椎的受力勢必大增，正常的腰椎狀態不足以支援，因此身法上要求腰椎必須向後。只要腰椎彎曲了，不管向前還是向後，都不如伸直狀態下受力大。

在傳承的過程中，「腰椎向後」或者「命門向後」是針對正常的腰椎生理曲線而言的，是一種相對狀態的描述。遺憾的是，這層含義很多老師都沒意會到，因此發出了「命門要拼命往後」「越往後越好」的誤導指令，而學生們也就跟著拼命往後練，把原本向前彎曲的腰椎硬生生練成了向後突出，變得畸形。

每次碰到這樣的學生，我都感到非常惋惜和遺憾。下這麼大苦功訓練，本應該有所成就，卻因為對一個要領的過度追求導致整勁喪失，內勁終究無法練成。傳統武術內勁本身就是個非常精細的東西，往往「差之毫釐，謬以千里」，缺失了因人而異的因素，必然會誤人誤己。真正的拳術就是學問，精益求精方能有所進步。

最後是腳

前腳腳尖朝向正前方。如果在地上劃一條直線，這時腳的內側應緊靠線的邊緣。後腳腳尖與前腳腳尖呈 45°角分開，步子的大小可以根據人的高矮和式子的高低來決定。前腳腳後跟對著後腳的踝骨內側。這時全腳要落實，腳尖

抓地，腳後跟往外撐勁，後腳往前蹬勁，前腳往前搓勁。重心的分配是前腳三分、後腳七分。這時腳的力量應該是抓、蹬、搓、撐、紮（兩腳向下紮根）。

注意：一是腳尖抓地不能過度，否則站不穩；二是向下紮根之力來自鬆腰和鬆胯。

站樁重要的是姿勢一定要準確，注意腹部的感覺，也就是氣沉丹田。注意一定要三尖相照，整個身體要正，不要歪斜，要有身體向前衝的意念，但形是向後坐。前後手都要有撐勁，不能完全鬆，但也不能用僵力。站完樁，可以踩踩步，柔和地活動四肢，也可以隨意地發發力，讓身體從練功狀態切換到平常狀態。

三體式練的不是動作，而是內勁。三體式本身就帶有修正身法和換勁的功效，其中最重要的是練出整勁，有了整勁做基礎，才能練五行拳。

三體式要練好，需要經過師父親手調勁、餵勁，因為整勁非親身感受則無法領悟。語言無法將武術內勁表述全面，也沒有任何一種方法能夠將其表述全面，只有師父親手調教，才能使自己真正掌握武術內勁。武術歷來講究體悟，知行合一才能真正掌握。

說了這麼多，三體式的身法要領基本上解釋完整了。現在大家應該知道，三體式的要領要比無極樁和混元樁多得多，如果直接從三體式開始訓練，要把這麼多身法要領同時調整到身上，顧此失彼的現象將會有多麼嚴重！再加上三體式要求重心偏低，後腿稱重較大，往往二十四個身法要領還沒有調整完，人就已經站不住了。

　　所以，與其如此，還不如把一部分三體式的要領單獨拿出來，以無極樁、混元樁的形式練到身上，同時打好一定的筋骨基礎，然後再進行三體式的訓練，這樣就可以獲得循序漸進、事半功倍的效果。

　　當然，還有一點最重要，所有身法要領都是練勁的必要條件，即想練出整勁必須要做到這些身法要領，但是反過來，做到這些身法要領卻不等於練出整勁。身法要領上身之後才算是量的積累達到標準，而要練出整勁，還需要老師親手調勁、餵勁，促成練習者自身的質變，才算成功。每一位好的老師應該都有「點石成金」的本領，這樣的老師，可遇不可求！

六、形意練勁：
　　　五行拳練法

（一）
五行拳是用來練內勁的

　　形意的核心是整勁，想要練出整勁就必須要做到六合，即「內三合、外三合」。可是能用白話把它說明白的恐怕沒幾個人。

　　練武術需要遵循求勁、求技、求道的路線，大家關心的實戰和套路都是第二階段求技裏面的內容。練武術先不要在套路招式上花費太多時間。招式的打法，包括形意五行拳，都是千變萬化的，只要勁對了，出手就是招，絕對不是固定的單式招法。

　　形意五行拳單操是一種練勁力的方法，修煉順序為劈、鑽、崩、炮、橫。

　　劈拳是形意拳入門必須練的拳法，是找勁的必由之路。崩拳是培育混元整束之勁的最好方法。鑽拳、炮拳是崩拳的不同表現形式。

　　最後以橫拳合一，橫拳練好了可以將五種勁合而為一，而不必進行五行合一的專項訓練，所以橫拳最難練。

　　五行拳的勁在於身法，比如崩拳練的就是過招中基本的迎敵方向上的進攻與防守，另外由發聲與呼吸、意感來鍛鍊身體，達到力量的積蓄與發出。如果都練好了，出招用招都是隨機的，就不拘泥於形式了。

　　五行拳的差別不只是拳的動作，這裏面還有身法。五行拳各式身法都不一樣，拳法好練，而身法不好練。身法

練不好，就沒有功夫。

　　五行拳不是練招的而是練勁的。如果勁練得不整、身上不合，那麼練的就不是形意拳。劈、崩、炮三拳打出來的是整勁。鑽、橫兩拳則獨具特色，形意拳所有技法都離不開鑽、橫兩拳，這兩拳無處不在，練勁、找勁、防禦、保持拳架都能從這兩拳中體會到。

（二）
五行拳的訓練程式

　　五行拳是形意拳的根本。五行拳練的是內勁，絕不是只練招數，例如崩拳可以上下、左右變化。大道至簡，練武術不在於會多少套路，會多少招式動作。在形意拳的體系內，一個三體式、一個五行拳便是最簡捷的通往武術巔峰的路徑。就這幾個動作，便可求勁、懂勁，然後練打法、練實戰，最後登上武術巔峰。

　　傳統武術講究內勁，非常精細，身法差一點對勁力的影響都很大，越研究越有意思。

　　在整套體系中，練勁的比重很大。首先是練出整勁，其次要練出拳勁。有整勁沒拳勁，不能應用；沒整勁想練出拳勁的概率很低。所以，想練五行拳，首先要練出整勁。練完整勁之後練拳勁就比較容易了，此時，才涉及明勁、暗勁、化勁。

　　明勁要從五行拳開始訓練。明勁是剛勁，但是剛勁需要柔練，這是核心。外人只知道剛勁要剛練，一開始就追求發力的迅猛，殊不知，很多精細的東西掌握不了、體會不到，看起來發力很猛，實則沒有多少意義。下面我介紹一下五行拳的訓練程式，以便於大家提綱挈領。

五行拳第一步先練動作

　　這是個載體，缺了這個載體，內勁不容易找到。五行拳動作是前輩們創造出來專門練內勁的，二者完全配套，

從這裏入手最容易。

第二步練明勁

先要把明勁練到身上。練明勁的時候要柔緩，因為內勁是身體裏勁力的傳導和運用，極為精細，身體各部位有分毫差錯都會導致最後功虧一簣。

如果練拳時動作很快，則很多細節體會不到，尤其是開始就練習發力則中看不中用。

第三步練發力

當然這個發力訓練是有一定方法的，不是想當然的用點力就行的。

常見的五行拳發力訓練，我是不贊成的。發力訓練，不但要發出強大的攻擊力，還要經受得住強大的反作用力才行，否則一擊沙袋自己手腕先折了。能打出去不算高明，打出去的同時還能收回來才是有水準。

第四步是合呼吸

拳勁的收發合上呼吸才能威力倍增。發勁不成，呼吸無法合上，則沒有威力。發勁和呼吸可以同時練。然後是暗勁，最後是化勁。

五行拳是單操，單式可成趟，訓練一種拳，打一個式子。式子可長可短，由人而定。每一趟都可以拆分為左式、右式和回身法三個部分。

五行拳的核心意義是從五種拳的動作當中訓練出對應的五種拳勁。當然這是在獲得整勁的基礎上才能迅速掌握的法門。所以練五行拳需要遵循訓練體系的前後順序，按部就班地來訓練，好高騖遠、沒有耐心者跳過前面所有訓

練而直接練五行拳，只能是徒具其形，充其量也只能算是
體操的一種，不能叫拳。但是拳勁又必須依託這些動作訓
練出來，所以這些動作又是必須要會的。

拳勁在內，屬陰；動作在外，屬陽。所謂「陽不離
陰，陰不離陽，孤陰不生，獨陽不長」。練拳必須要懂得
拳勁和動作的關係，從全局出發來客觀看待，初學者不能
孤立、片面地一味追求動作，或者拋開動作來求勁。

「得意而忘形」是高境界的產物和訓練方法，不適合
初學者。一層功夫一層道理，初學者採用高境界的訓練方
法，只能是邯鄲學步，容易出錯。而練拳容易改拳難，一
旦形成錯誤的動力定型，再改起來就很費勁了。五行拳的
內勁必須要經過師父的調教，在師父給你摸勁、調勁之後
才能有所體悟，不是只用文字就可以描述出來的，也不是
文字能夠闡述明白的。

所以，下面先介紹五行拳的動作訓練方法，以便於大
家為以後的拳勁訓練打下紮實的根基。

（三）
五行拳練法

1. 劈 拳

（1）劈拳口訣

　　雙塌雙鑽氣相連，起吸落呼莫等閒。

　　易骨易筋加洗髓，腳踩手劈一氣傳。

（2）動作闡述

　　五行拳都由左三體式開始（圖1–1），左右輪換，循環無端。後文不再贅述。

圖1-1

右劈拳起式

由三體式開始，左手慢慢下落，在下落的過程中慢慢握拳。右手同時握拳，然後兩拳同時翻轉，拳心向上，靠在肚臍左右兩邊，左右小臂貼在小腹上，眼看前方（圖1-2）。

上動不停，左腳向前進半步，大約一腳左右的距離。腳尖向外撇開45°左右，膝部微微彎曲，重心同時移到左腿上，右腳不動，右腿蹬勁。隨左腳前進，左拳經由腹部、胸部向上到心口，如托物狀，向前推伸。推伸過程中注意左小臂向外微微旋擰，高不過口，低不過喉。肘尖下垂，前伸的左臂彎曲適度，不能伸直。眼看左拳（圖1-3）。

圖1-2　　　　　　　　　　　圖1-3

右劈拳落式

重心移到左腿後，左腳蹬地，右腿向前盡力邁一大步。抬腳不能過高，膝部微屈。

　　右腳落地後，左腳順勢跟進半步，重心依然放在左腿上。右腿上步的同時，右拳向上經由胸前緊靠左手小臂上方向前鑽出，隨即小臂內旋，右拳變掌向前向下推出，掌心向前下方。肘部微屈。右手前伸的同時，左拳隨之向內旋轉，變掌，走弧形線路下按於小腹前。拇指緊靠肚臍部位。眼看右掌指尖（圖1-4）。

　　左劈拳與右劈拳動作相同，只是左右相反。

圖1-4

劈拳回身式

　　回身時，先要劈出左掌，成左劈拳定式，然後左掌下落變拳，右掌也同時變拳，兩拳翻轉，拳心向上，靠在腹部兩旁，左腳隨著左掌收回，同時以左腳跟為軸，向內旋轉，腳尖裏扣，身體向右轉身，面向後（圖1-5）。

　　然後可接左式劈拳，左腳蹬地，右腳向前進一小步，右拳向上提至胸口向前鑽出（圖1-6）。

圖1-5

圖1-6

圖1-7

然後重心移到右腿，右腳蹬地，左腿向前盡力邁一大步。抬腳不能過高，膝部微屈。左腳落地後，右腳順勢跟進半步，重心依然放在右腿上。左腿上步的同時，左拳向上經由胸前緊靠右手小臂上方向前鑽出，隨即小臂內旋，左拳變掌向前向下推出，肘部微屈，不可伸直（圖1-7）。

左手前伸的同時，右拳隨之向內旋轉，變掌，走弧形線路下按於小腹前。拇指緊靠肚臍部位，眼看左掌指尖。然後便可左右循環一直打到收式。

收式

往返打回到起始位置，做劈拳回身式，打成左劈拳，然後左腳收回，左腳跟向右腳跟靠攏，同時左手收回胸前，緩緩下落，兩臂輕輕垂在身體兩側，身體緩緩站起。注意兩肩膀放鬆，腰胯放鬆，目視前方。

2. 鑽　拳

（1）鑽拳口訣

鑽拳原是地反天，上下同打是真傳。
左右相同隨意變，收吸發呼勁合丹。

（2）動作闡述

右鑽拳

由左三體式開始（圖2-1），左手握拳向下拉回，到腹部前向上翻轉，經由胸前向前上方鑽出，小臂同時外旋，拳眼向外擰，右手同時變拳，翻至拳心向上，緊靠腹部。左手上鑽的同時，左腳向前邁出半步，

圖2-1

腳尖向外撇開，膝部微屈（圖2-2）。然後右腿向前進一大步，左腳跟進半步。落於右腳跟後面，重心在後腿。這個步法與劈拳步法一樣，可以單獨做跟步的訓練。右腳向

圖 2-2   圖 2-3

前邁進時，右拳先上提至胸部，然後由口前順著左臂向前上方鑽出，高與鼻尖相平。左拳變掌下滑，收到腹前，拇指緊靠肚臍，眼看右拳（圖 2-3）。

左鑽拳

接上式，右腳向前進半步，腳尖向外撇開約 45°。然

圖 2-4

後左腳向前上一大步，右腳隨著跟進半步，落於左腳跟後面，重心落在右腿上。在左腳上步的同時，左拳由下向上鑽出，高不過鼻尖。右拳變掌，向內翻轉，收到腹前，拇指靠近肚臍。左鑽拳與右鑽拳步法、手法完全一致，僅僅左右不同（圖 2-4）。

鑽拳回身式

鑽出左拳時成鑽拳左式。以左腳跟為軸，左腳尖盡力向內旋轉，身體同時右轉180°，轉體時雙臂相對位置保持不動（圖2-5）。

然後右腳向前進半步，腳尖向外，右拳由下經由胸口鑽出，左拳變掌收回腹前（圖2-6）。然後可接左鑽拳。

圖2-5 圖2-6

鑽拳收式

往返打回到起始位置，做鑽拳回身式，然後右腳向前進半步，腳尖向外撇開約45°。然後左腳向前上一大步，右腳隨著跟進半步，落於左腳跟後面，重心落在右腿上。在左腳上步的同時，左拳由下向上鑽出，高不過鼻尖。右拳變掌向內翻轉，收到腹前，拇指靠近肚臍（圖2-7）。

然後左臂下落，兩手輕輕垂於身體兩側，左腳收回，靠在右腳跟處。最後輕輕起身。

圖 2-7

3. 崩　拳

（1）崩拳口訣

崩拳屬木疾似箭，發動全憑一寸丹。

跟順變化隨法用，轉身提足把樹攀。

（2）動作闡述

右崩拳

由左三體式開始（圖 3-1），兩手緩緩握拳，成螺旋拳，左拳拳眼向上。右拳外旋，拳心向上，右小臂緊貼腹部，右肘緊靠右腰部，眼看左拳（圖 3-2）。

左腳向前進步，步幅盡力大，然後右腳跟步，落於左腳後，重心仍在右腿上。兩腳跟相對，距離 30 公分左右，可根據個人情況適當調整距離。進步的同時，右拳順

著左拳的方向向前打出，在打出的過程中，拳向內旋轉至
拳眼向上，拳面略向前傾斜；右拳打出的同時左拳收回，
靠在腰部左側，拳向外旋，拳心向上。右拳、左腿在前，
為拗步崩拳（圖 3-3）。

圖 3-1

圖 3-2

圖 3-3

左崩拳

接上式，左腳盡力向前進步，右腳跟步。同時左拳順著右臂方向向前打出，小臂內旋，最後拳眼向上，拳面略向前傾斜。

右拳收回停於腰部右側，收回的過程中微外旋，拳心向上。左拳左腿在前，為順步崩拳（圖 3-4）。

圖 3-4

崩拳回身式

當打出右拳時，左拳不動，將右拳收回到腰部，兩拳拳心都朝上，同時左腳腳尖向內旋轉約 90°。然後身體向右扭回，右拳向上經由胸口向前上方鑽出，手臂微彎，不能伸直，拳心斜向上，並略向外旋。同時，右腿屈膝上提，腳尖勾起，左腿微屈不動，眼看右拳（圖 3-5）。

接著右腳向前下踩落，腳尖向右橫過來，腳跟著力，左腳順勢跟步。左拳在右腳落地的同時向前、向下劈出，

掌心向下，右拳下落變掌收回至腰部右側。拇指緊靠臍部，塌腕，掌心向前（圖3-6）。

上式不停，右腳向前邁半步，左腳接著邁一大步。同時兩手變拳，右拳打出，左拳收回，成右崩拳。然後左右輪換，不斷循環，直到收式。

圖3-5　　　　　　　　　　　圖3-6

崩拳收式

往返打回到起始位置，先做崩拳回身式，打成右崩拳時，上身不動，右腳後撤半步，然後左腳後撤一步，落於右腳後面，兩腿交叉。左腳後撤時，左拳從腰間沿著右臂向前打出，拳眼向上。

右拳同時收回至臍下，拳心向上。然後左臂緩緩經由胸前收回向下，兩手同時落於身體兩側，最後收回右腳，兩腳跟靠攏，慢慢起身。

4. 炮 拳

（1）炮拳口訣

> 炮拳先走虎跳澗，兩劈下裹如搜山。
>
> 鑽崩之中加化打，提肛實腹水火關。

（2）動作闡述

右炮拳

由左三體式開始（圖 4-1），左腳向前進半步，同時左掌向外旋，掌心對著右上方，掌指向前。右掌向前伸出，掌心向左前方，與左掌對應（圖 4-2）。然後左腳蹬地，右腳向前盡力邁一步，左腳跟進靠在右腳腳踝處，左腳不落地，懸空提著。上右步的過程中，雙手同時變拳拉回，收到腹部前靠緊，拳心都向上（圖 4-3）。

圖 4-1

圖 4-2

圖 4-3　　　　　　　　　　圖 4-4

　　然後左腳向左前方斜跨一步，右腳跟進半步，落於左
腳跟後面，重心在後腿。左拳經由胸前向上鑽翻，拳逆時
針向裏旋轉至拳心向外，停於頭部左上方，與額頭平齊。
右拳由腰部順勢向左腳尖方向打出，拳眼向上，肘部微彎
即可（圖 4-4）。

左炮拳

　　上動不停，左腳向前進
半步，屈膝半蹲，右腳跟
進，腳步落地停於左腳內
側。左拳下落的同時右拳收
回，兩拳同時收到腹部前靠
緊，拳心向上，眼向前看
（圖 4-5）。

　　然後右腳向右前方斜跨
一大步，左腳跟進半步停

圖 4-5

於右腳跟後，重心在後腿上。同時右拳經由胸前向前鑽翻，小臂順時針外翻，拳心向外，停於頭部右額旁。左拳順勢向前打出，拳眼向上，肘部微彎，與胸同高。動作與左炮拳相同，只是左右相反（圖 4-6）。

圖 4-6

炮拳回身式

打出左炮拳時停住，以左腳為軸，身體迅速向左後轉體180°，右腳隨轉身扣步，落在左腳旁，左腳提起，懸停於右腳內側。同時右拳落下，與左手同時收到腹部兩側靠緊，拳心向上（圖 4-7）。

圖 4-7

圖 4-8

　　然後接右炮拳，左腳向左前方斜跨一大步，右腳跟進半步落於左腳跟後方，重心在後腿。左拳向上鑽翻至與額頭齊高，右拳順勢向前打出（圖 4-8）。然後左右循環打至收式。

炮拳收式

　　往返打回到起始位置做炮拳回身式，然後打成右炮拳式停住，雙臂下落，兩手輕輕垂於身體兩側，同時左腳收回，靠在右腳跟旁邊，最後輕輕起身。

5. 橫　拳

（1）橫拳口訣

　　　橫拳出手似鐵樑，橫中有直橫中藏。
　　　左右穿裹應合意，收勢退橫勁宜剛。

（2）動作闡述

右橫拳

　　由左三體式開始（圖5-1），兩掌慢慢握拳，然後左腳向左前方斜跨一大步，右腳接著跟進半步落在左腳後方，重心在右腿。身體略向左轉，同時右拳經由胸前從左肘下順著左臂向前順時針擰出，拳心向上，高與胸平齊，肘部微彎。左拳

圖 5-1

圖 5-2

圖 5-3

隨著身體左轉，收回到右肘下方（圖 5-2）。

左橫拳

上動不停，左腳向左前方進一小步，然後右腳經由左腳內側向右前方進一大步，左腳隨之跟進半步，落於右腳跟後方，重心在左腿上。上右步的同時，身體略向右轉，左拳順勢從右肘下方向前擰出，拳心向上。右拳隨身體右轉的同時收回，藏於左肘下方，拳心向下（圖 5-3）。

橫拳回身式

打出左橫拳時停住，以左腳為軸，身體向左轉身 180°，左拳與右拳相對位置不變（圖 5-4）。

右腳隨身體左轉順勢扣步，落於左腳前側。左腳隨即提起，順右腳裏側向左前方斜跨一大步，腳尖向前，右腳跟進半步，落於左腳後方，重心在右腿。右拳在身體左轉的同時，經由胸前從左肘開始向前擰出，拳心向上。左拳隨身體轉動順勢收回，藏於右肘下方，拳心向下，眼看前

圖 5-4

圖 5-5

手（圖 5-5）。

　　然後接左橫拳，左右循環，直到收式。

橫拳收式

　　往返打回到起始位置，做橫拳回身式，打成右橫拳式停住，然後雙臂下落，兩手輕輕垂於身體兩側，同時左腳收回，靠在右腳跟處，最後輕輕起身。

── （四） ──
內家拳訓練的通則和禁忌

1. 通　則

　　內家拳先從無極樁開始訓練，三個月左右身法可以穩定在身上。透過無極樁訓練把身法修正之後，就可以進行混元樁的訓練了。不過這並不等於練三個月無極樁就可以增加混元樁的訓練了。有些人一個月就可以穩定身法，有明師指導的也許幾天就可以了，但是也有些人練了半輩子都沒有修正身法。

　　混元樁主要用來換勁，但不是嚴格到換勁完成之後才能開始三體式的訓練。三體式也可以換勁，當混元樁打好了基礎，有一定換勁效果的時候就可以增加三體式的訓練。

　　五行拳的訓練要在三體式練出整勁的前提下才能開始，盲目、機械地練五行拳動作，無益於內勁，反而會形成錯誤的習慣，最終影響訓練效率。

　　五行拳的訓練是最精細的，就像雕刻家雕刻作品一樣，一點一點地雕琢打磨才能雕刻出精品。

2. 禁　忌

　　合理安排運動量，切忌超負荷訓練。功夫是日積月累不斷增長的，不是一次練出來的。尤其樁功，時間要在正

確訓練的基礎上延長才有意義。

　　要養成良好的生活習慣。一邊打拳鍛鍊，一邊熬夜損耗，就會抵消練武對身體素質的提高效果。

　　保持平和的情緒，注意合理節慾。每天補充的食物是有限的，轉化的水穀精微也是有限的，轉變為生理排泄得越多，供給身體的能量就越少，此消彼長，會影響訓練效果。

　　飯前、飯後不訓練。訓練以沒有飽腹感和饑餓感為宜，飯前、飯後半小時以內不訓練。

　　避風如避箭。大汗之後不洗冷水澡，不立刻吹冷氣，訓練的時候避開涼風、熱風。

　　睡覺前訓練的時間要求。睡覺前兩小時內不打拳，半小時內不站樁。現代醫學指出，訓練時身體會釋放多巴胺、內啡肽等使神經中樞興奮。如果訓練完立即睡覺，則難以入睡，更難以進入深睡眠的狀態。

　　打拳後間隔 2 小時左右再睡覺，能緩解身體疲勞，還能有效地促進睡眠。站樁的活動量不大，影響較小，所以一般站完樁半個小時後睡覺就可以了。

後　記

　　首先感謝大家耐心把書看完，希望本書的內容能使您獲益！

　　早在我讀大學期間，就有提筆寫書的想法。當時我管理武術協會，一直在教同學們練習武術，發現熱愛武術的人挺多，但是大家對武術的理解卻非常有限。當時便想，如果能把自己對武術的認識和心得寫成書，那受益的群體會更大。不過由於積澱不夠，遲遲未能動筆。

　　直到畢業多年後，孩子出世，欣喜之餘我也開始琢磨，將來如果他喜歡武術的話，我該如何傳授他。

　　後來，一場「擂臺約架」爆發了太極拳的信任危機，甚至擴展到整個傳統武術領域。這讓我大吃一驚，原來在社會如此進步、教育如此普及的今天，還有那麼多人看問題不夠客觀、不夠理性，尤其是對傳統武術的認知相當片面和狹隘。

　　想到我自己從小練習武術所走過的數十年彎路，此時我才覺得，僅僅考慮如何傳授孩子是不夠的。不僅是我，每一個喜愛傳統武術的人都有義務去分享和傳承它。傳統武術是中華民族千百年不斷積澱形成的獨有智慧，每一種拳術都是無數代精英人士一生的經驗集成，是人體力量與技巧的精深藝術。其訓練體系極其精細，中間任何一個細節的疏忽都可能導致功虧一簣，用「差之毫釐，謬以千

里」來形容毫不誇張。

初學者在學習的過程中，對那些最關鍵的、最緊要的要領往往最容易忽略。沒有人耳提面命，沒有人循循教導，再加上文字描述比較晦澀，多少武術愛好者誤入歧途而不自知，練功多年終究還是徘徊在門外。

誠然，傳授孩子的時候我不希望他重複我的老路，用了十幾年才摸到門道。對如今與我當年一般癡迷傳統武術卻不得其門而入的愛好者，作為感同身受的過來人，我總是心生憐憫。

他們或是因為師父不善表達，或是因為根本無緣良師，像沒頭蒼蠅一樣到處亂撞。倘若我把自己對武術的理解以及從體悟當中提煉、印證過的訓練心得，以自己十幾年彎路的經驗、教訓為參照，從初學者的角度出發，寫一本真正適合初學者的傳統武術普及圖書，給像當年的我一樣正在黑暗中摸索的武術愛好者們提供一條捷徑，盡自己所能，讓更多人感受傳統武術的魅力，那該多好啊！

於是，2017 年 10 月，我的第一本書《傳統武術答疑解惑錄》（香港版）出版，此書一經面世便引起了傳統武術愛好者的共鳴。時光匆匆，兩年多過去了，總覺得《傳統武術答疑解惑錄》裏還有太多東西沒有闡述完整：傳統武術的博大精深體現在什麼地方，傳統武術的文化屬性是怎麼回事、實戰技擊有什麼特點，各個訓練階段對應的訓練方法介紹得也不夠全面。而本書本著為初學者提供一本良好教材的心願，除了入門功法外，還介紹了訓練整勁的三體式樁功以及五行拳。

　　希望本書不但可以幫助初學者入門，還能幫助初學者在入門之後進階練勁。本書的內容更為充實，編排更為合理，功法的介紹更為詳盡。但是，傳統武術內勁尤其是練勁階段的很多細節都超出了語言表達的範疇，非親身體會無法感知，無法面面俱到、一一言表，實為憾事，還望大家體諒。

　　最後，對本書面世過程中提供幫助的所有朋友，真誠致謝！特別鳴謝北京科學技術出版社。一本能讓廣大愛好者受益的好書必然凝聚了出版工作者的心血和汗水。

　　勿使前輩之遺珍失於我手，勿使國術之精神止於我身！

劉永文

大展好書　好書大展
品嘗好書　冠群可期